Flügel der Liebe — Die Engel von Berlin

Lothar Heinke

Flügel der Liebe

Die Engel von Berlin

Lothar Heinke

Berlin und New York, 2025

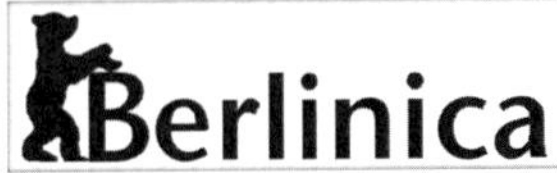

Flügel der Liebe — Die Engel von Berlin
Gebundene Originalausgabe Dezember 2012
Neue Ausgabe 2025

Text: Lothar Heinke
Fotos und Umschlaggestaltung: Eva C. Schweitzer
Korrektorat: Franca Wolf

Foto Seite 4 oben: Mike Wolff
Foto Seite 17: Landesarchiv Berlin
Foto Seite 52: Alexander Eliasberg
Foto Seite 53: Christian Mantey
Foto Seite 70: Funkturmverlag
Foto Seite 78: Gemeinfrei

Dr. Eva C. Schweitzer
Gaudystraße 7, 10437 Berlin, Deutschland
eva@berlinica.com

ISBN: 978-3-96026-094-3
Gebundene Ausgabe: 978-3-96026-095-0

Printing / Druck: CPI Druckdienstleistungen GmbH
Ferdinand-Jühlke-Straße 7, 99095 Erfurt

https://berlinica.com

Die Schutzengel von Berlin

Berlin steht unter dem Schutz eines großen, goldenen Engels, unübersehbar groß. Aus jeder Himmelsrichtung ist er zu sehen; seine Flügel reflektieren die Strahlen der Sonne. Es ist die Göttin Viktoria, hoch oben auf der Siegessäule, 285 Stufen hoch, und wer die erklimmt, kann mit Engelsaugen auf die Stadt hinunterblicken. „Goldelse" nennen Berliner etwas respektlos ihre höchste, bekannteste Lady. Wim Wenders ließ im Himmel über Berlin die Schutzengel auf ihrer Schulter sitzen, und Barack Obama sprach zu ihren Füßen.

Aber noch viel mehr Engel finden sich in Berlin: „Engel des Herrn" in den Kirchen, Schutzengel über Hauseingängen und auf Weihnachtsmärkten, Schmuckengel in Eisdielen, Pizzerien und Museen, preußische Engel, die Siege über Napoleon feiern, und Engel auf Grabsteinen, die Trost spenden. So finden wir auf dem Friedhof an der Stubenrauchstraße das Grab einer Berlinerin, die als „Blauer Engel" weltbekannt ist: Marlene Dietrich. Und auf dem Dorotheenstädtischen Friedhof liegt Christian Daniel Rauch, der den Friedensengel auf dem Mehringplatz schuf, aber auch der Engel des deutschen Theaters, Bertolt Brecht. Auch sein Berliner Ensemble wird von geflügelten Putten geschmückt, die Glück spenden. All diese Himmelsboten haben der Stadt im wilden Auf und Ab ihrer Geschichte Hilfe, Wohlstand und oft ein wunderbares Lebensgefühl gebracht.

Berlin, die Hauptstadt, die im 19. Jahrhundert zur Millionenmetropole wurde, muss wirklich und wahrhaftig manchen Schutzengel gehabt haben. Vielleicht hatte er keine Flügel, sondern sprach wie du und ich, aber er war bei den Menschen, die in der Gründerzeit ihr Glück fanden, und später, in den Goldenen Zwanzigern. Es gibt keine Regeln für Schutzengel, und so schien es eines Tages, als seien sie plötzlich verflogen in alle Winde: Das Land und die Stadt wurden von braunen Teufeln ins Verderben geführt. Vom Himmel kamen Feuerbomben, die Menschen flohen oder saßen verängstigt in den Luftschutzkellern. Die klassizistischen Engel vom Brandenburger Tor bis zum Schloss verbrannten, auch zahllose Engel in den Berliner Kirchen fielen den Bomben zum Opfer.

Nach Krieg, Bomben und der Blockade wurde die Stadt in zwei Teile zerrissen. Die DDR ließ Stacheldraht und Mauer durch Berlin ziehen, auch durch den St. Hedwigs-Friedhof und den Invalidenfriedhof, deren Engel im Staub lagen. Familienbande waren zerschnitten, Freunde getrennt. Und mit dem Berliner Stadtschloss wurden auch dessen Engel gesprengt, nur ein einzelnes Paar auf dem Eosanderportal überlebte.

In beiden Seiten der Stadt wurden Schutzengel dringend gesucht. Einer, John F. Kennedy, machte den Berlinern Hoffnung, als er vor Hunderttausenden sagte, dass jeder, der in dieser Welt für die Freiheit kämpft, sagen kann: Ich bin ein Berliner! Und später forderte Ronald Reagan den sowjetischen Parteichef Michael Gorbatschow auf: „Tear down this Wall!" Am 9. November 1989 ließen die Engel das Wunder geschehen: Die Mauer fiel. Nun halfen die Schutzengel Berlin bei der Auferstehung, als Ost und West zusammenwuchsen. Viele Engel wurden restauriert: Die Viktoria auf dem Brandenburger Tor, die Engel auf der Schlossbrücke, am Zeughaus und an der Neuen Wache. Das neue, das eine und manchmal auch einige Berlin ruft: Danke, ihr Engel. Die Stadt braucht Euch wie die Berliner Luft zum Atmen.

— Lothar Heinke

Preußische Engel

Viktoria und Napoleon

Preussische Engel schmücken den königlichen Boulevard Unter den Linden vom Brandenburger Tor bis zum Schlossplatz. Sie künden von den Siegen Preußens, betrauern tote Krieger oder bewachen fürstliche Hoftüren. Viele sind eigentlich griechische und römische Göttinnen, aus Bronze oder Marmor, wie die Viktoria auf dem Brandenburger Tor, das Wahrzeichen der Stadt. Um 1790 wurde es von Carl Gotthard Langhans errichtet, nach den Prophyläen an der Akropolis von Athen.

Napoleon ließ die Quadriga als Kriegsbeute nach Paris schaffen, erst nach dessen Niederlage wurde sie zurückgeholt. Seitdem trägt die Viktoria ein Eisernes Kreuz und den Preußenadler. Das Brandenburger Tor war während der Teilung Berlins unerreichbar. Erst im November 1989 standen die Berliner auf der Mauer. Heute ist das Tor das Symbol der deutschen Einheit.

Am östlichen Ende von Unter den Linden liegt die Schlossbrücke über den Kupfergraben. Karl Friedrich Schinkel ließ sie von 1821 bis 1824 errichten, auf acht Granitpostamenten stehen Figuren aus Carrara-Marmor, einige davon geflügelt. Auch sie stellen antike Göttinnen dar.

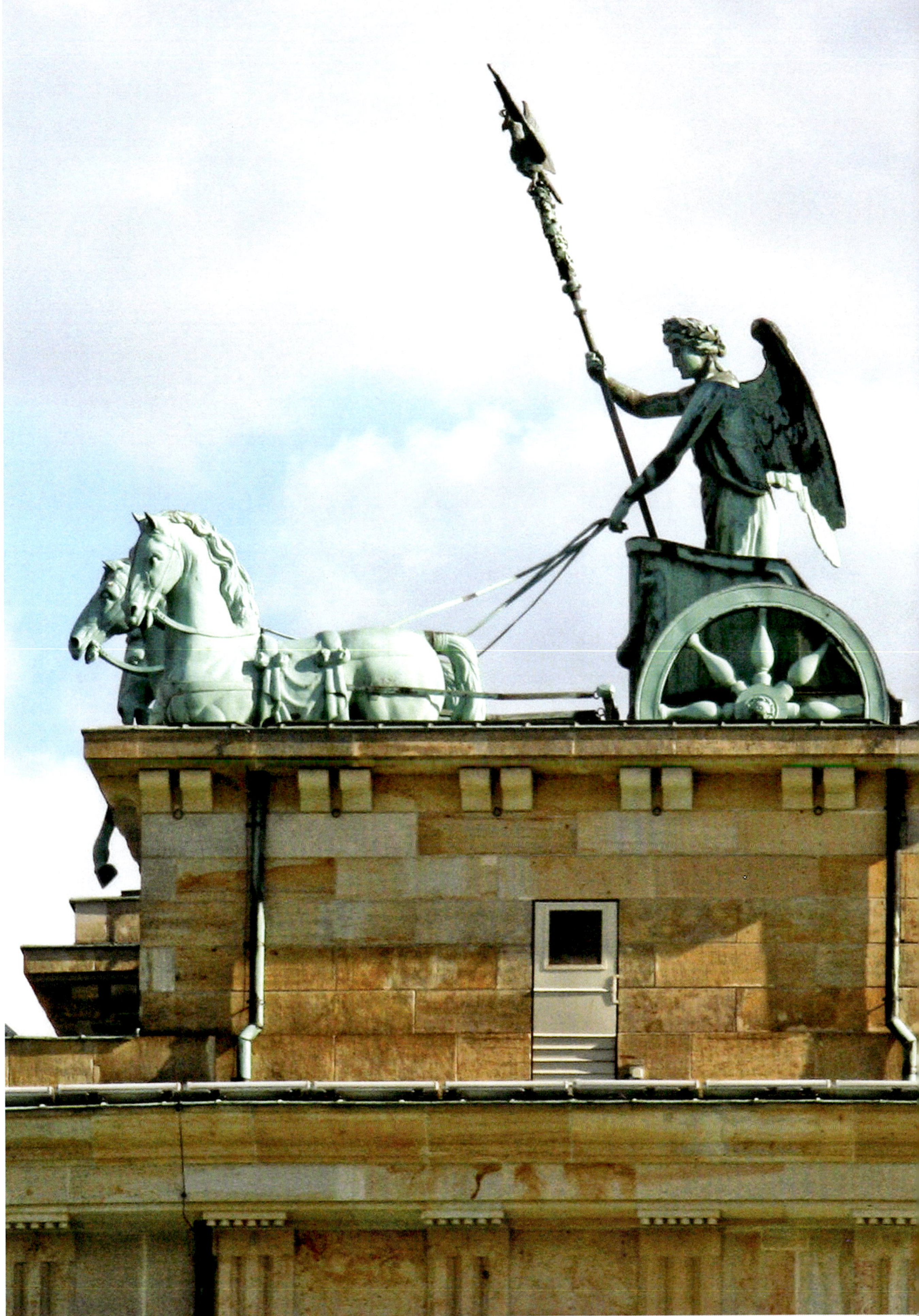

Geflügelte Gefährten gefallener Krieger

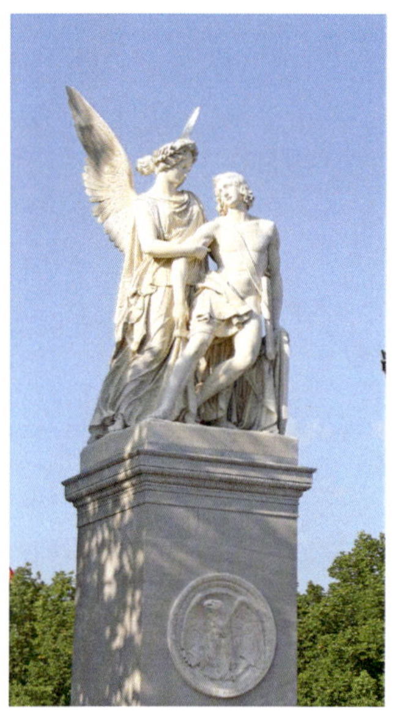

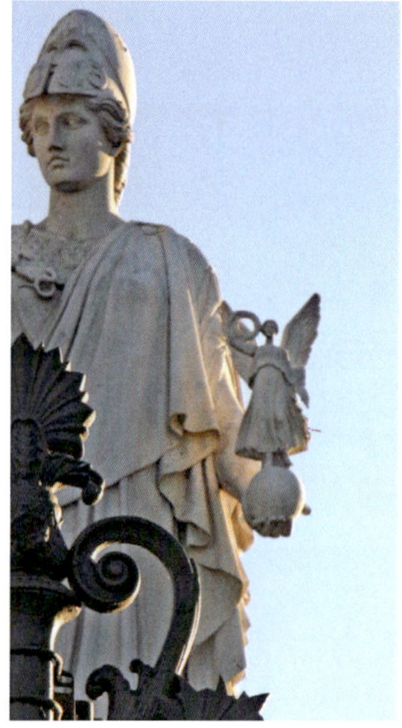

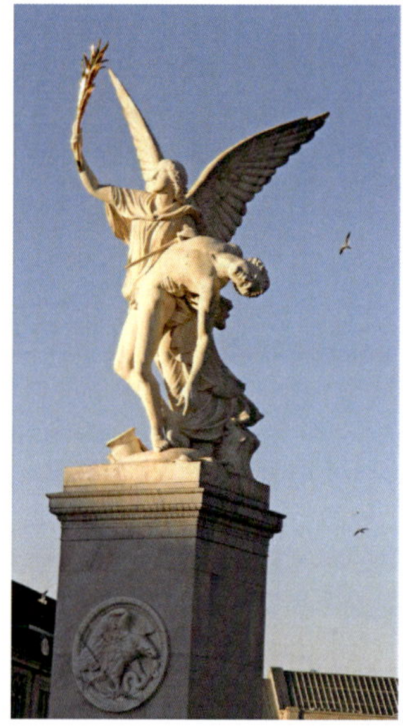

Die Marmorengel der Schlossbrücke zeigen den Lebens- und Leidensweg eines Kriegers, der von Nike geführt wird. Sie trägt den gefallenen Helden zum Olymp.

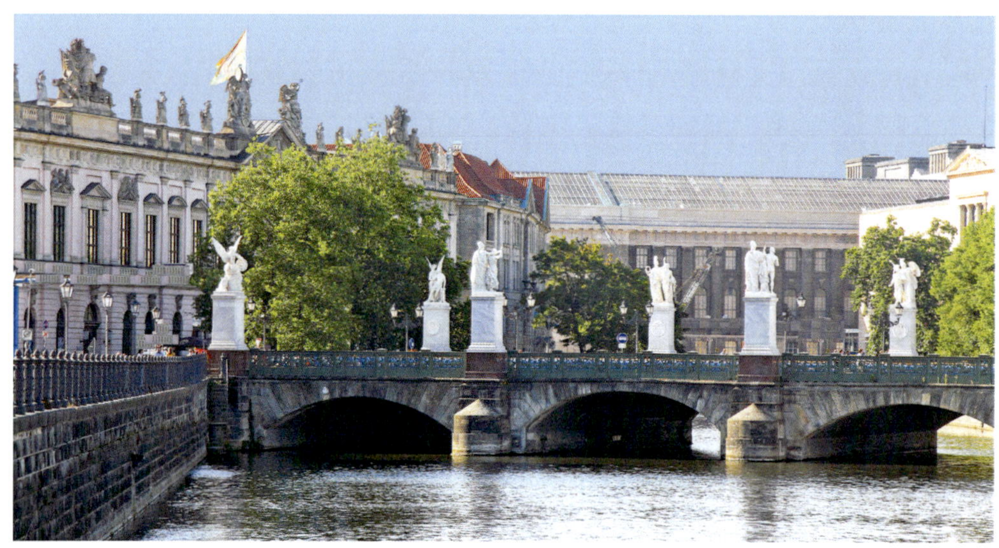

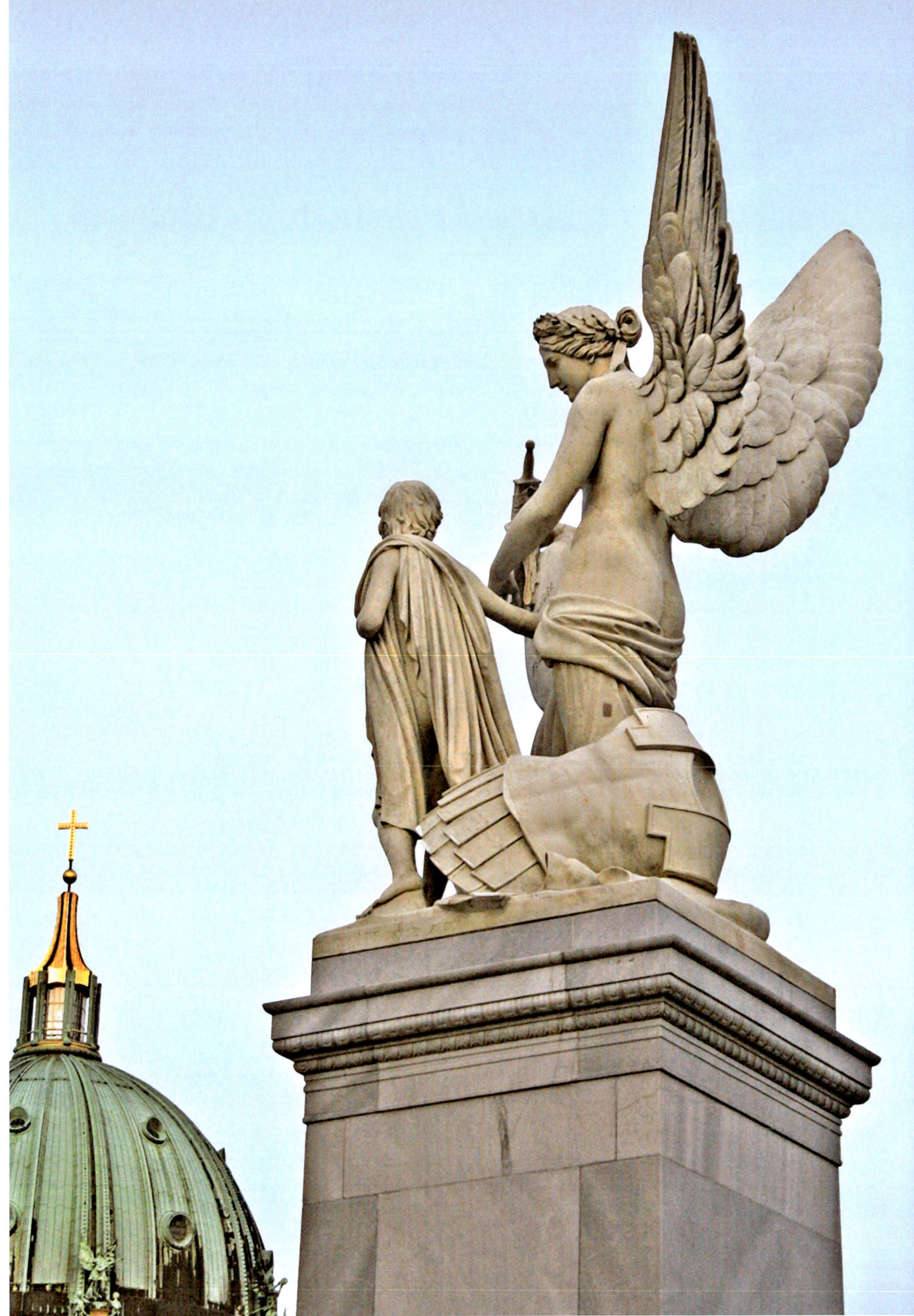

Auferstandene Engel mahnen zum Frieden

Auch über den Säulen der Neuen Wache Unter den Linden schweben Engel, die gefallene Soldaten in den Himmel begleiten. Auch dieses Hauptwerk des deutschen Klassizismus wurde von Karl Friedrich Schinkel erbaut, von 1816 bis 1818. Die geflügelten Siegesgöttinnen schuf Johann Gottfried Schadow. Die DDR erklärte die Neue Wache zum „Mahnmal für die Opfer des Faschismus und Militarismus", heute ist sie die zentrale Gedenkstätte der Bundesrepublik. Im Innenraum steht eine (vergrößerte) Pieta von Käthe Kollwitz – eine Mutter, die ihren gefallenen Sohn betrauert, ein Protest gegen den Krieg.

Auch das Portal des Staatsratsgebäudes (unten) wird von zwei Engeln geschmückt. Es stammt aus dem Stadtschloss, das im Zweiten Weltkrieg von Bomben schwer beschädigt wurde und das die DDR-Regierung 1950 abreißen ließ. Nur dieses eine Portal blieb, denn von hier rief Karl Liebknecht nach der Revolution von 1918 die Freie Sozialistische Republik aus.

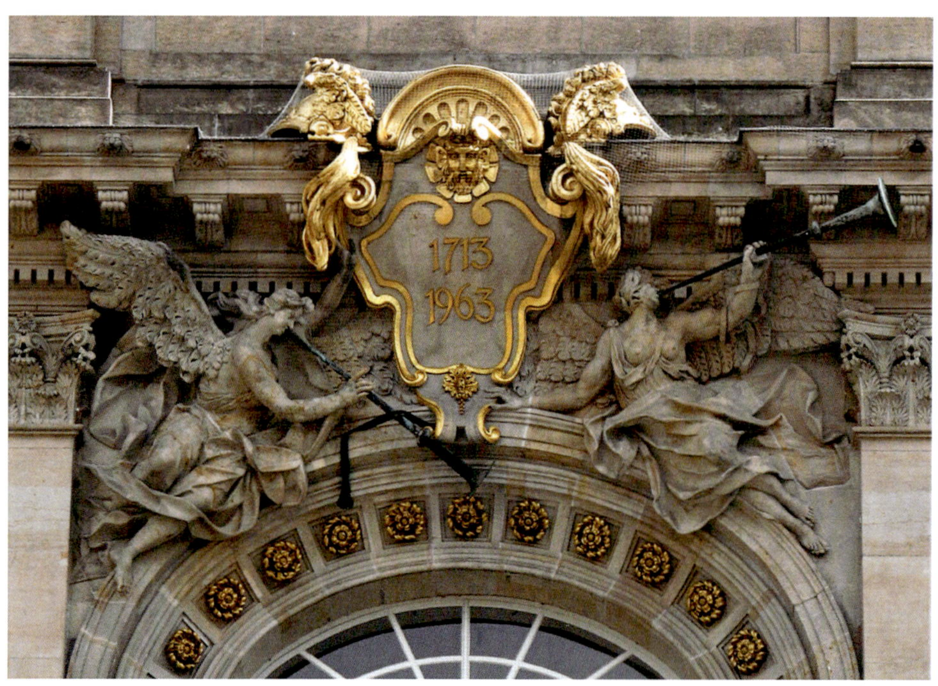

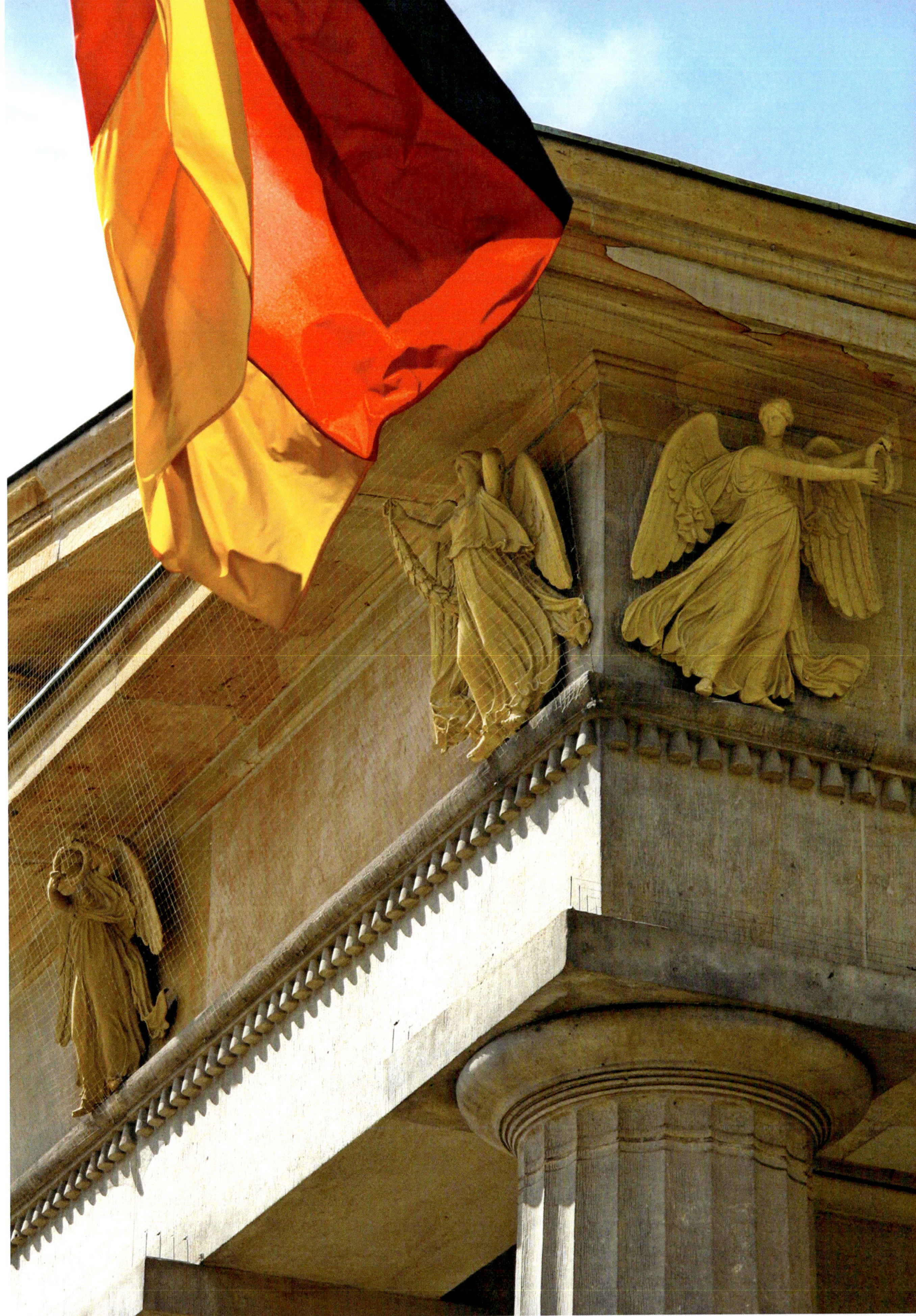

Kriegsversehrte Engel im alten Zeughaus

Diese Viktoria steht im Foyer des schönsten Berliner Barockgebäudes, das im Jahr 1706 vollendet wurde: Das Zeughaus. In dem einstigen Waffenarsenal ist heute das Deutsche Historische Museum untergebracht. Die gewaltige Göttin begrüßt den Besucher in der Eingangshalle. Die Statue stand schon hier, als dies noch die Ruhmeshalle der Preußische Armee war, aber jetzt zeigt sie Größe und Schwäche zugleich: Ihr rechter Arm und ihre linke Hand fielen dem Zweiten Weltkrieg zum Opfer. Vielerlei Figuren schmücken das Zeughaus, darunter auch diese Götterboten und Putten (unten).

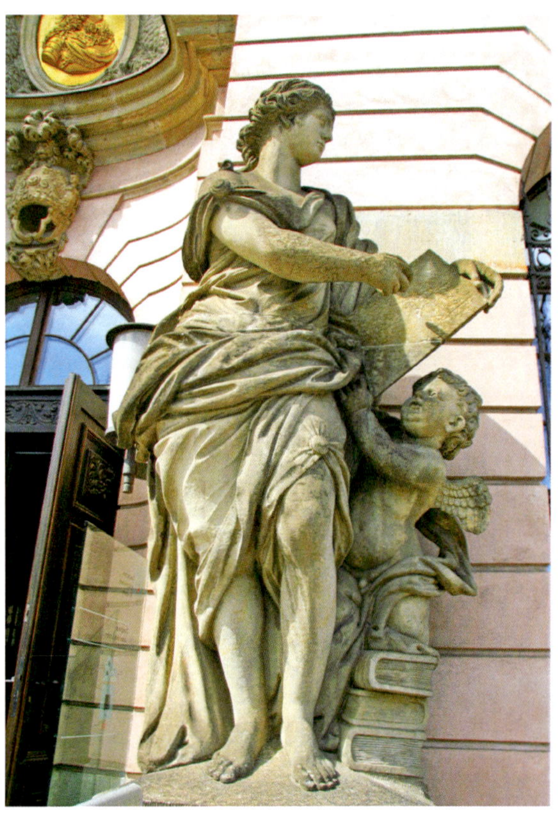

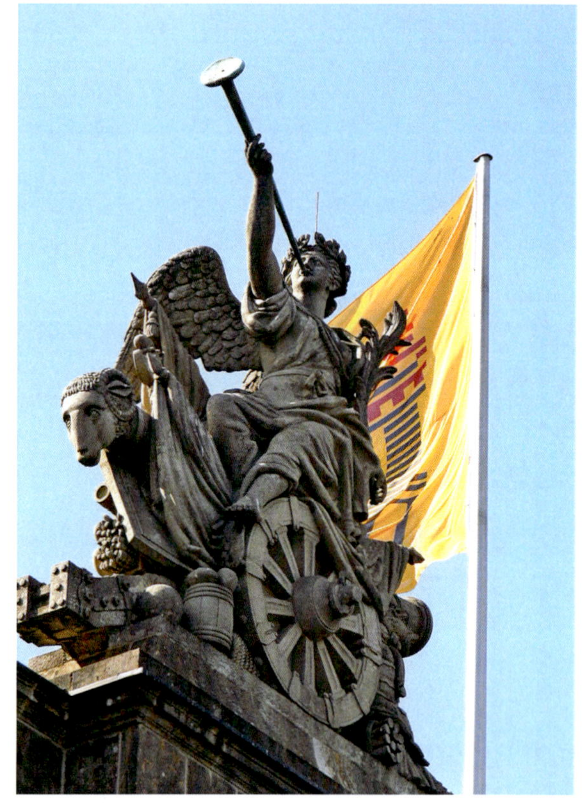

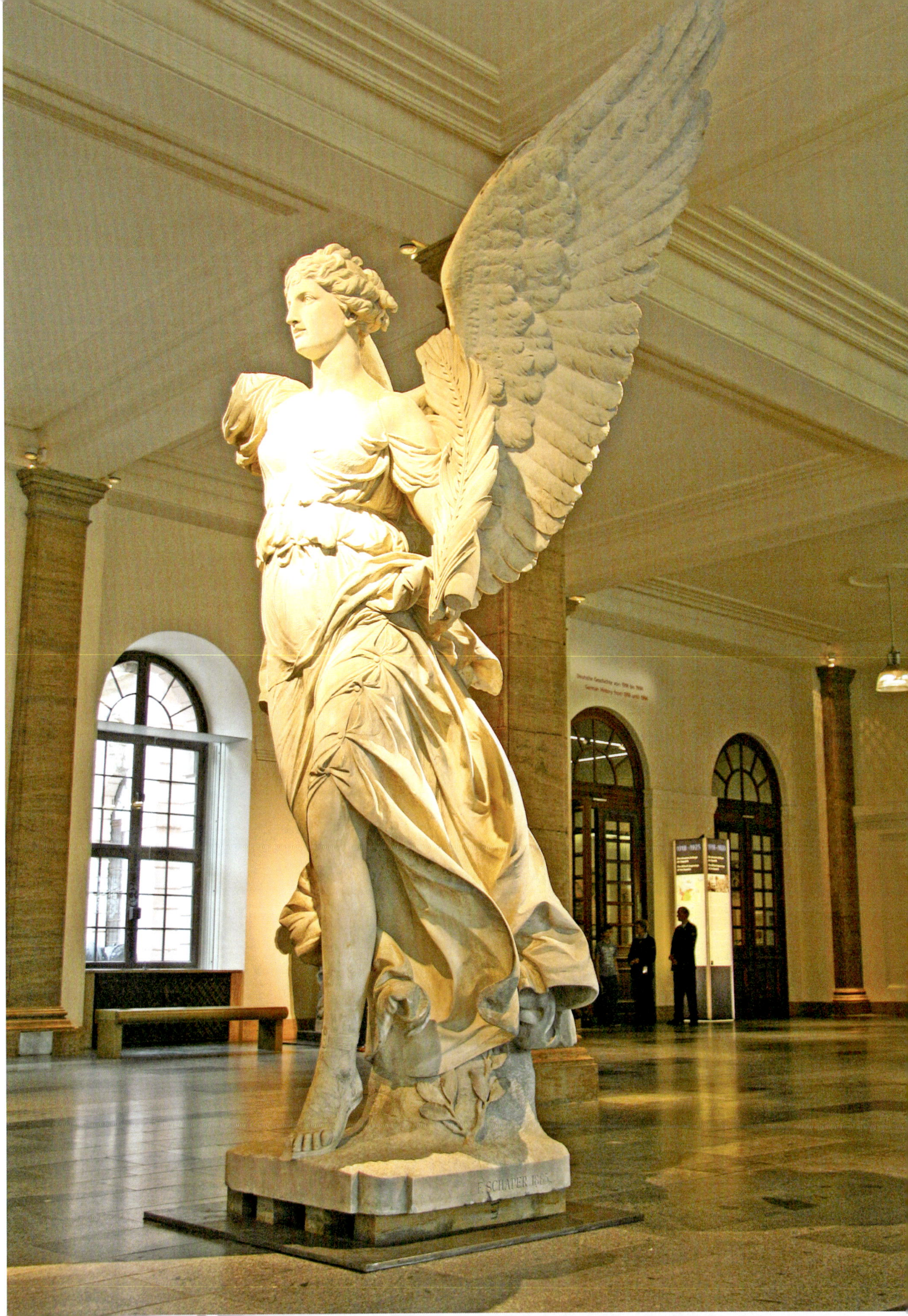
F. SCHAPER

Geflügelte Musen auf wilden Tieren

Auf dem Gendarmenmarkt, der schönste Platz Berlins, steht das Konzerthaus. Es wurde von 1818 bis 1821 von Karl Friedrich Schinkel als königliches Schauspielhaus erbaut, flankiert vom Deutschen und Französischen Dom. Im Krieg in einen Trümmerhaufen verwandelt, wurde der Platz in den siebziger Jahren restauriert. Heute halten auf den großen Freitreppen Löwen und Panther Wacht, zwei Musen mit Instrumenten stimmen die Besucher auf ein klangvolles, festliches Musikereignis ein. Denn wie schon Thomas Carlyle sagte: „Musik ist die Sprache der Engel."

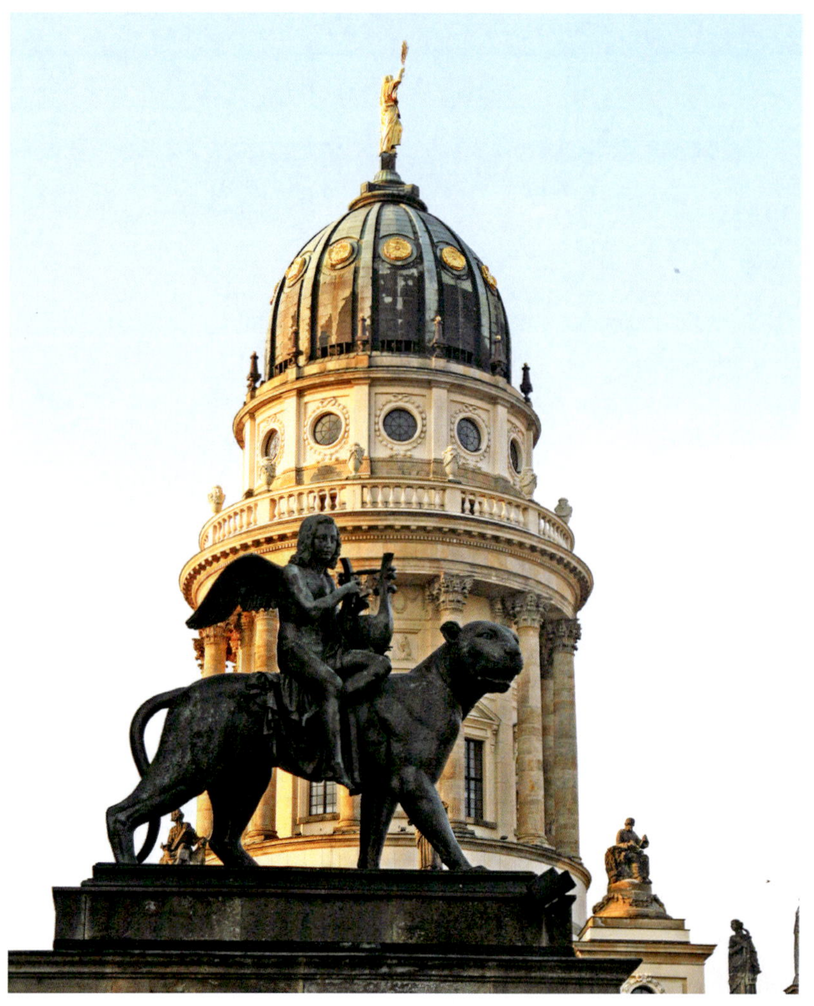

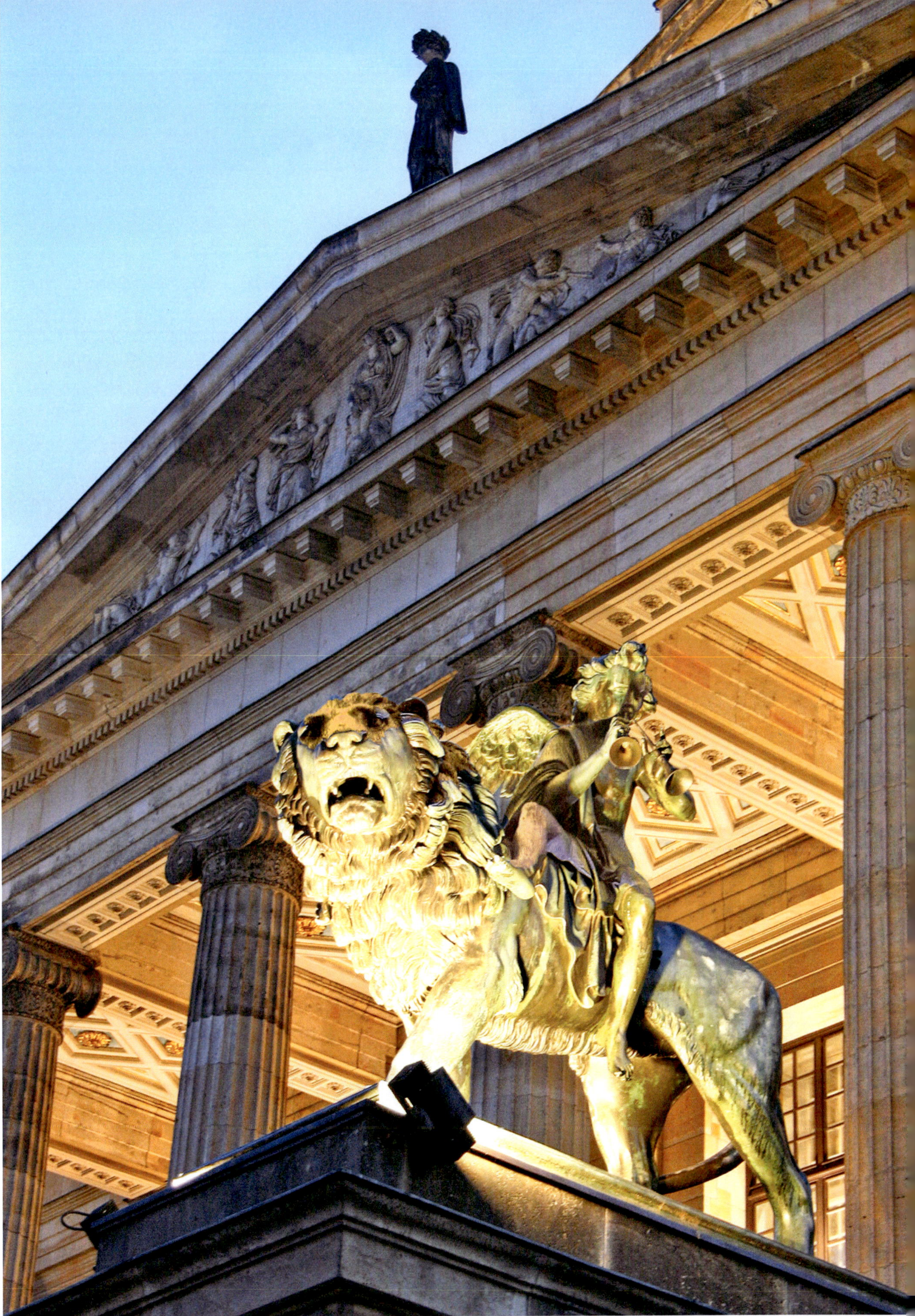

Friedenssäule und Kriegerengel

Der Engel auf dem Zietenplatz (unten), dem früheren Wilhelmplatz an der Regierungsmeile Wilhelmstraße, ist eher kriegerisch gesonnen: Er bewacht das bronzene Denkmal von Generalfeldmarschall Leopold von Dessau, der 1745 in der Schlacht von Kesselsdorf kämpfte, als Friedrich der Große Sachsen und Österreich besiegte. Aber 20 000 Tote und Verwundete, die keinen Schutzengel hatten, blieben auf dem Schlachtfeld zurück. Versöhnlicher ist der Engel auf der Friedenssäule (rechts), die seit 1843 den Kreuzberger Belle-Alliance-Platz schmückt, der heutige Mehringplatz, am südlichen Ende der Friedrichstraße. Die Viktoria von Christian Daniel Rauch symbolisiert die Siege Preußens über Frankreich.

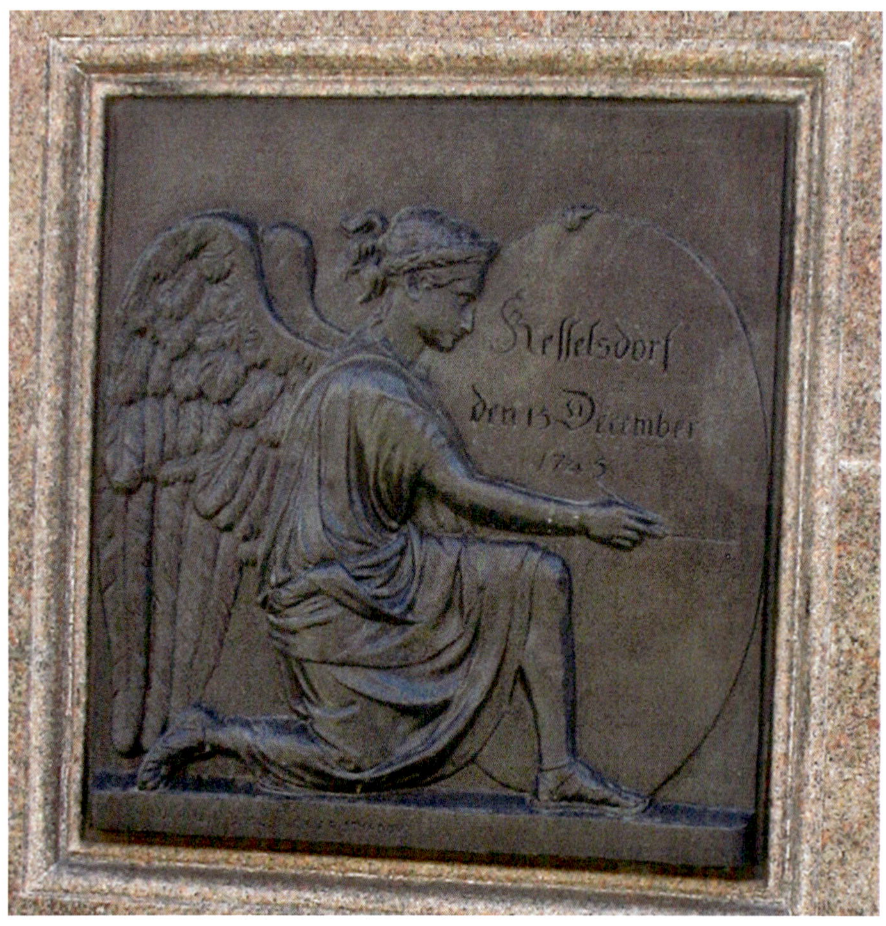

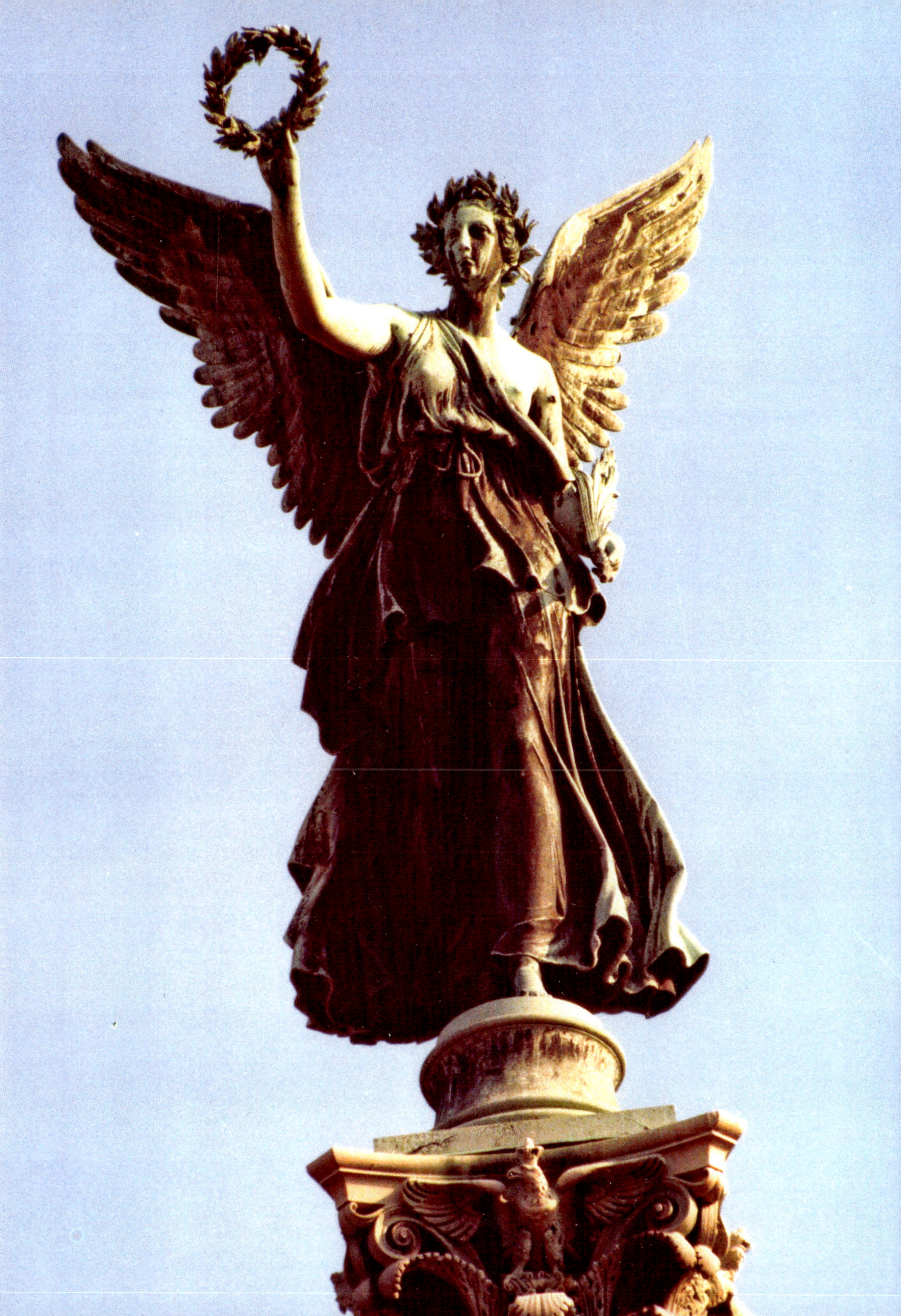

Paris, Kreuzberg: Der Grüne Engel

Das Nationaldenkmal im Szenebezirk Kreuzberg, auch dieses geschaffen von Karl Friedrich Schinkel, hat die Form eines gotischen Turmhelms. Und auch dessen 1821 gegossene Engel erinnern an die Preußischen Befreiungskriege: Die Turmspitze krönt ein Eisernes Kreuz, das Friedrich Wilhelm III. für besonderen Einsatz im Kampf für die Freiheit der Nation verlieh. Die neunzehn Meter Gusseisen setzen dem 66 Meter hohen Kreuzberg, dem höchsten Hügel der Stadt, die Krone auf — der einzige Berliner Berg übrigens mit einem Wasserfall (wenngleich ein künstlicher). Wegen des weiten Blicks ist das Denkmal ein beliebtes Ausflugsziel, auch für diese Berliner Engel hier.

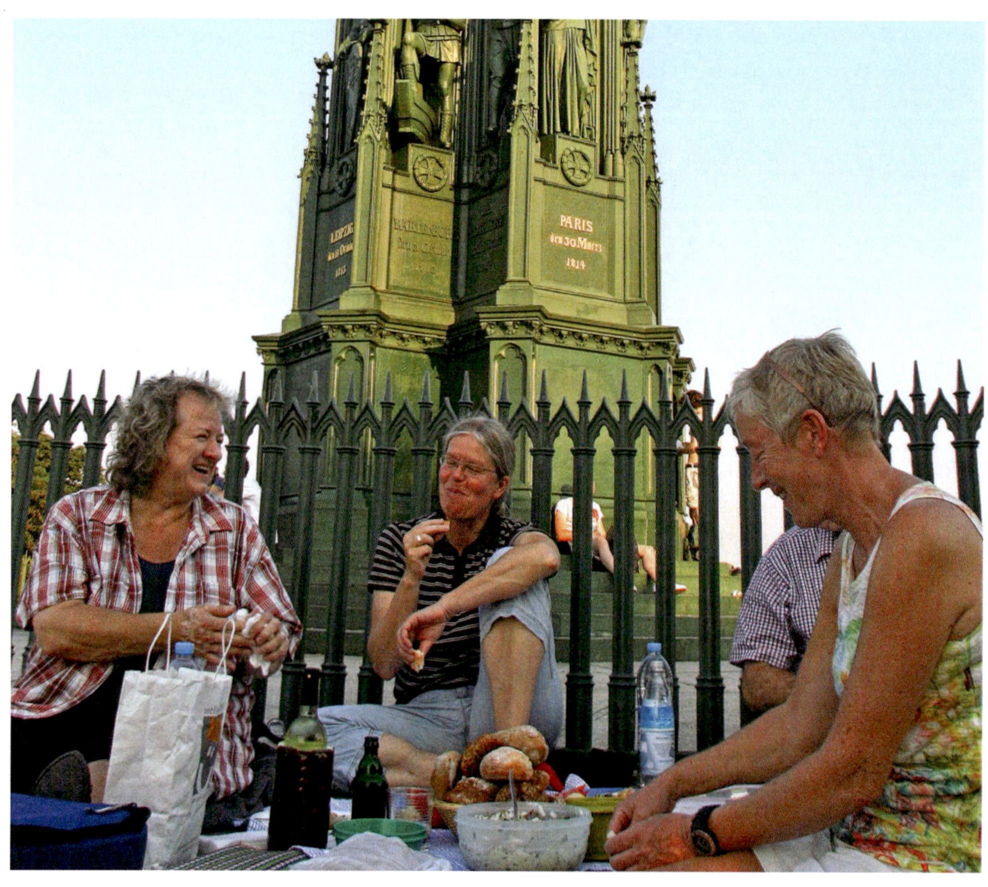

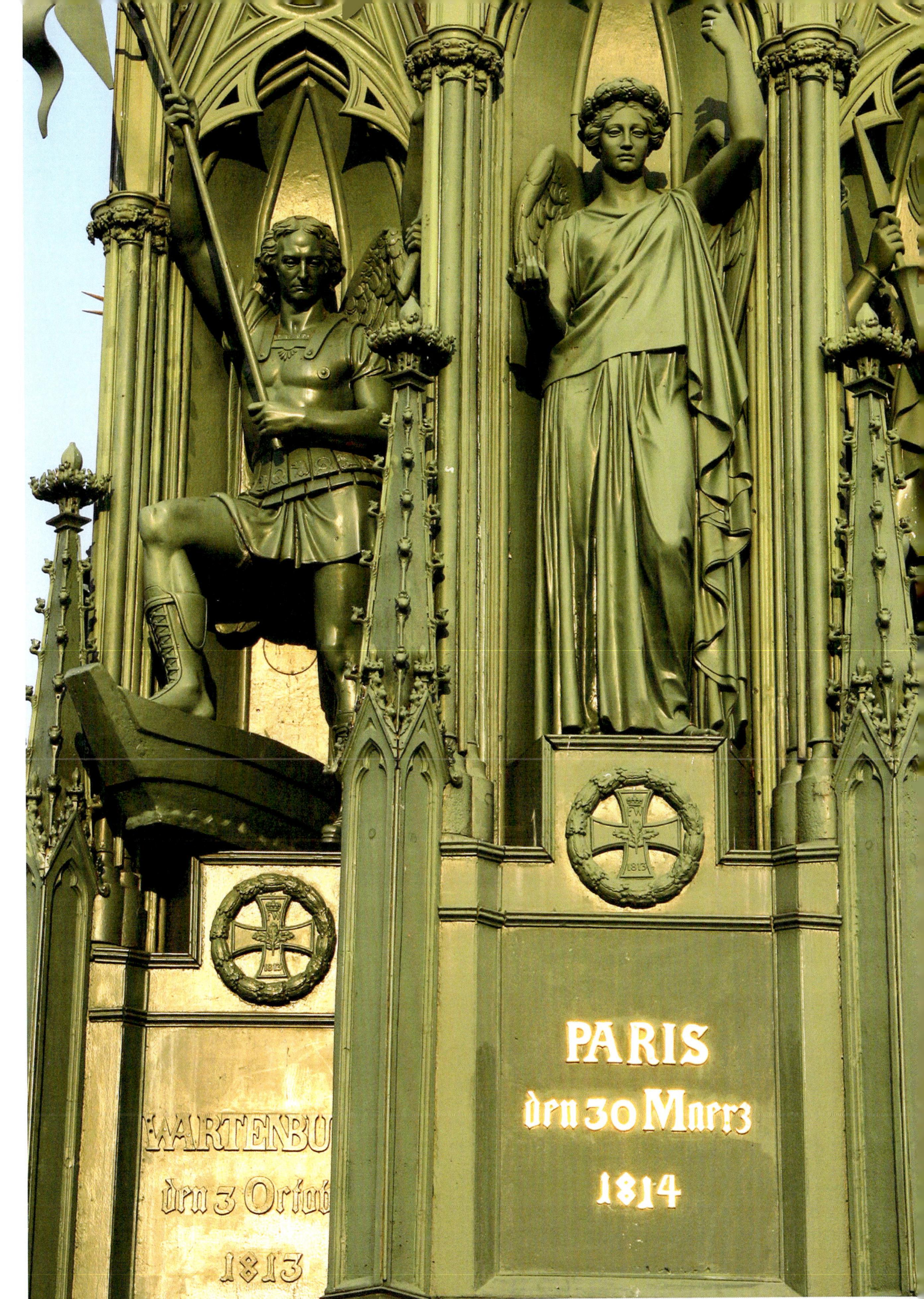
WARTENBU
den 3 Octob
1813
PARIS
den 30 Maerz
1814

Feiernde Engel

Schutzherrin Viktoria

Die „Goldelse“ ist der Schutzengel der Stadt, der hoch über dem Tiergarten die Flügel ausbreitet und gen Westen sieht, bis nach Charlottenburg. Mark Twain fand auf seiner Reise nach Berlin, sie sehe von hinten merkwürdig aus. Wim Wenders ließ in *Der Himmel über Berlin* seine Engel auf ihrer Schulter sinnen. „Vielleicht hatte ich die Sehnsucht, dass es diese Geschöpfe geben sollte, damit sie den Menschen durch die Kraft der guten Gedanken Überlebenschancen einflüstern”, sagte er.

Dabei ist die Viktoria, auch sie eine Erinnerung an die Siege Preußens über Frankreich, Österreich und Dänemark, ein schwerer Brocken: Acht Meter dreißig hoch, 35 Tonnen schwer, mit 1,2 Kilogramm Blattgold bedeckt, allein die Säule, auf der sie steht, misst fünfzig Meter. Mitten auf einer Verkehrsinsel steht sie, und auf einer Aussichtsplattform, von dort kann man ihr unter den wehenden Rock gucken.

Einsam ist die Viktoria sowieso nie, aber einmal im Jahr, im Juni, ist sie von bunten Wagen, bunten Demonstranten und lauter Musik umringt: Die alljährliche Parade zum Christopher Street Day führt durch den Tiergarten und an dem goldenen Engel vorbei. Dann feiern Berlins fröhlichste Engel den ganzen Tag.

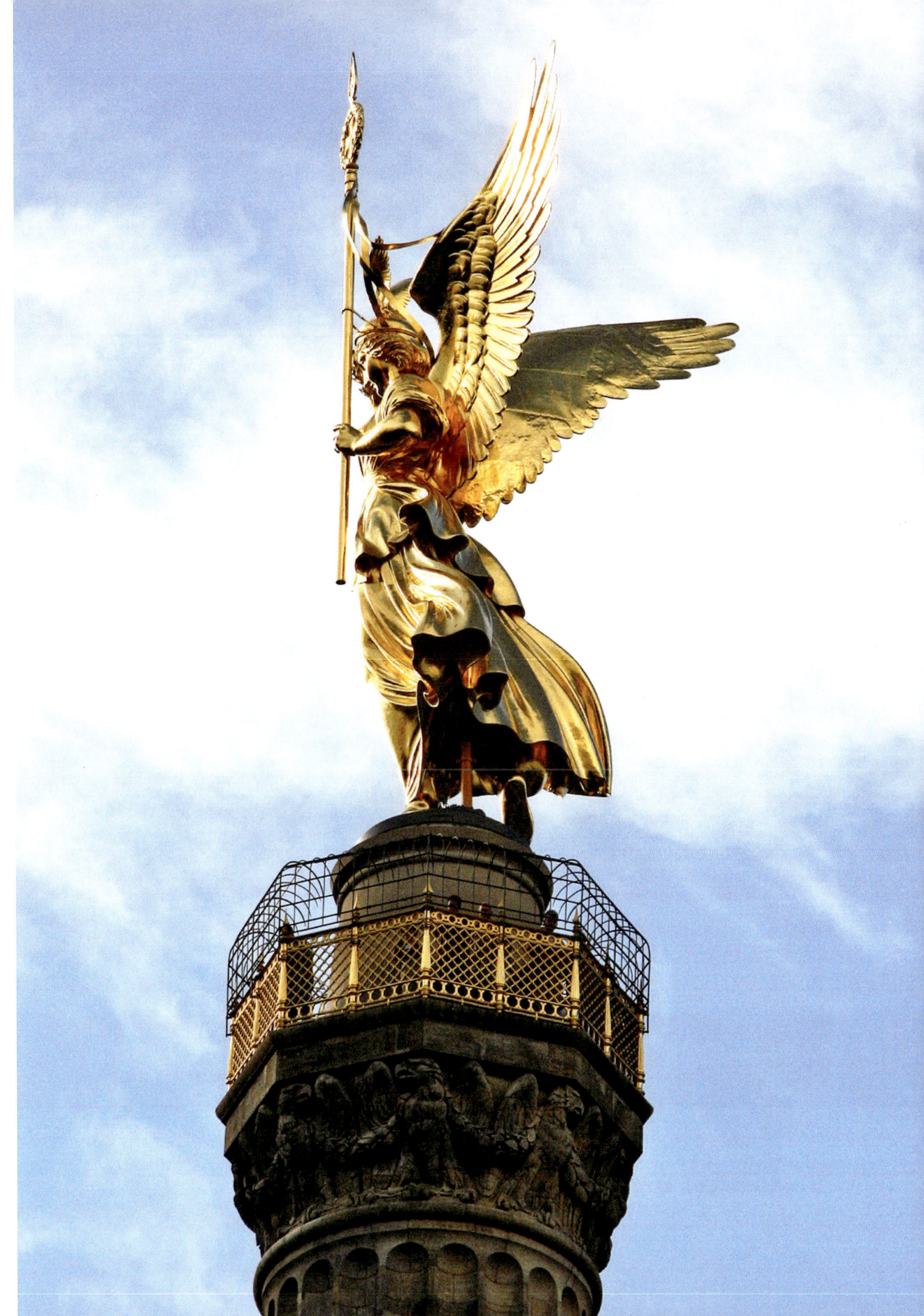

Life is a Cabaret: Der Himmel kann warten

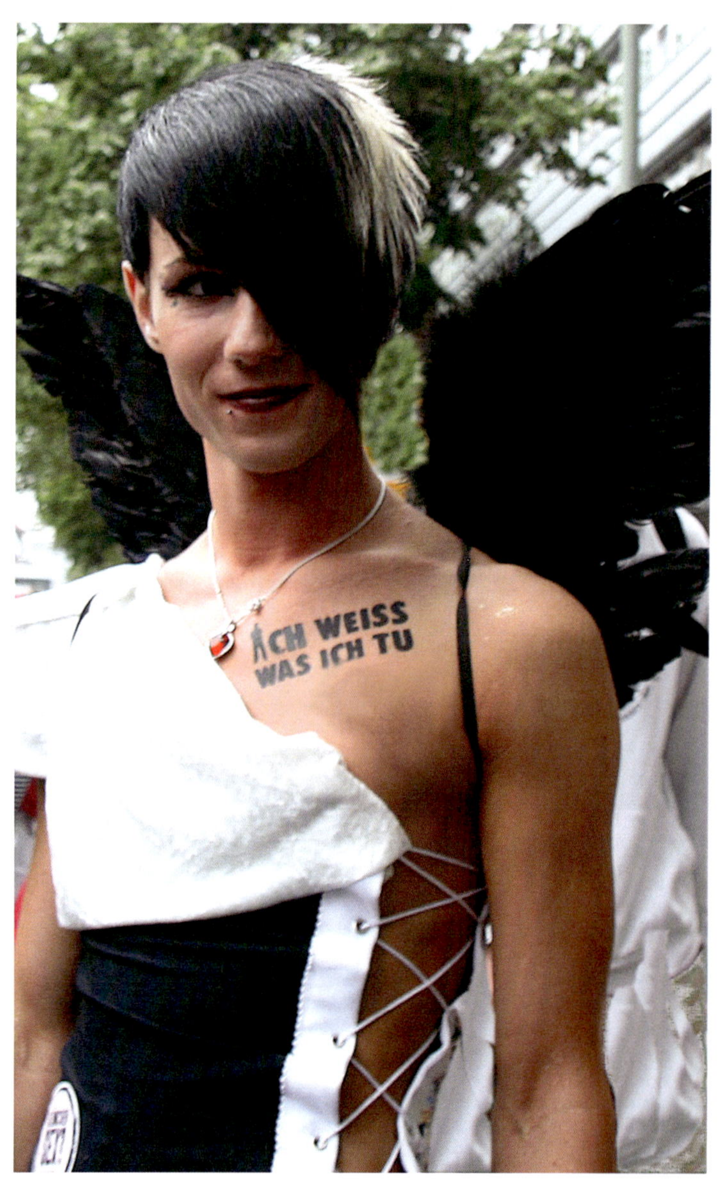

„**Oh Mensch,** lerne tanzen, sonst wissen die Engel im Himmel mit dir nichts anzufangen", meinte schon der heilige Augustinus. Das lassen sich diese nicht so ganz himmlischen Engel auf der alljährlichen Christopher-Street-Parade nicht zweimal sagen. Und in Berlin kann, wie schon Friedrich der Große gesagt hat, ein jeder nach seiner Fasson selig werden. Schon in den zwanziger Jahren lebte und schrieb hier Christopher Isherwood, auf dessen Roman *Berlin Stories* das Musical Cabaret zurückgeht.

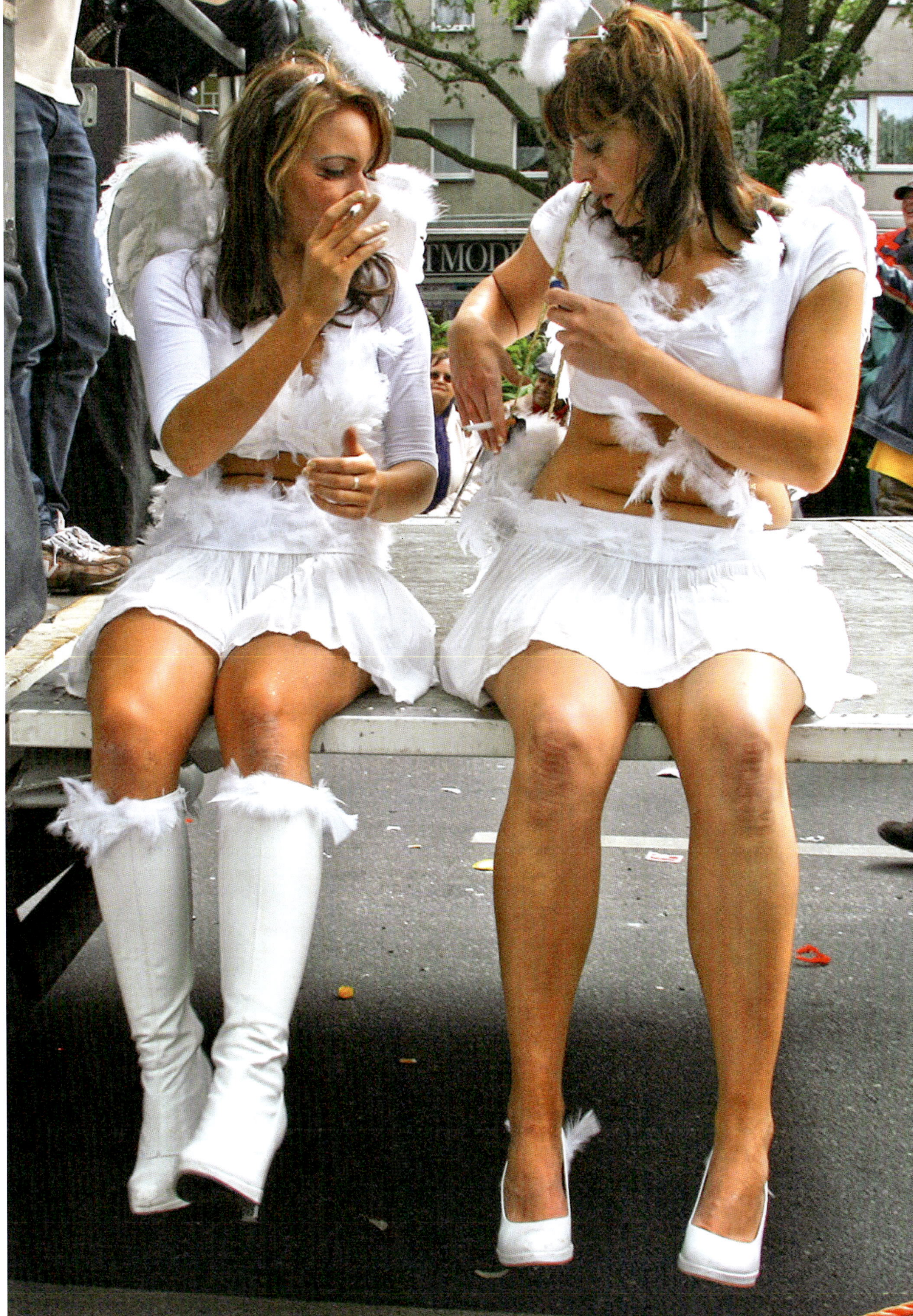

Engel auf Rädern — Eines geht noch rein

Wenn diese Engel Durst bekommen, dann mieten sie sich ein Bierbike. Das ist eine Kneipe auf Rädern mit Bierausschank —und so was gibt es nur in Berlin. Das Bierbike rollt durch die Stadt und bringt bei so manchem Busfahrer das Blut zum Sieden. Der Paragraph 1 vom Bierbike-Kodex lautet: Zehn Liter Bier pro Stunde sind absolut ausreichend... Wie heißt es so schön? „Bier, das war sein letztes Wort. Dann trugen ihn die Englein fort". Wer auf das Bierbike steigt, ist gut beraten, sich einen Schutzengel To Go zuzulegen — wie den hier unten, den es im KaDeWe gibt, dem größten Kaufhaus Berlins am Wittenbergplatz.

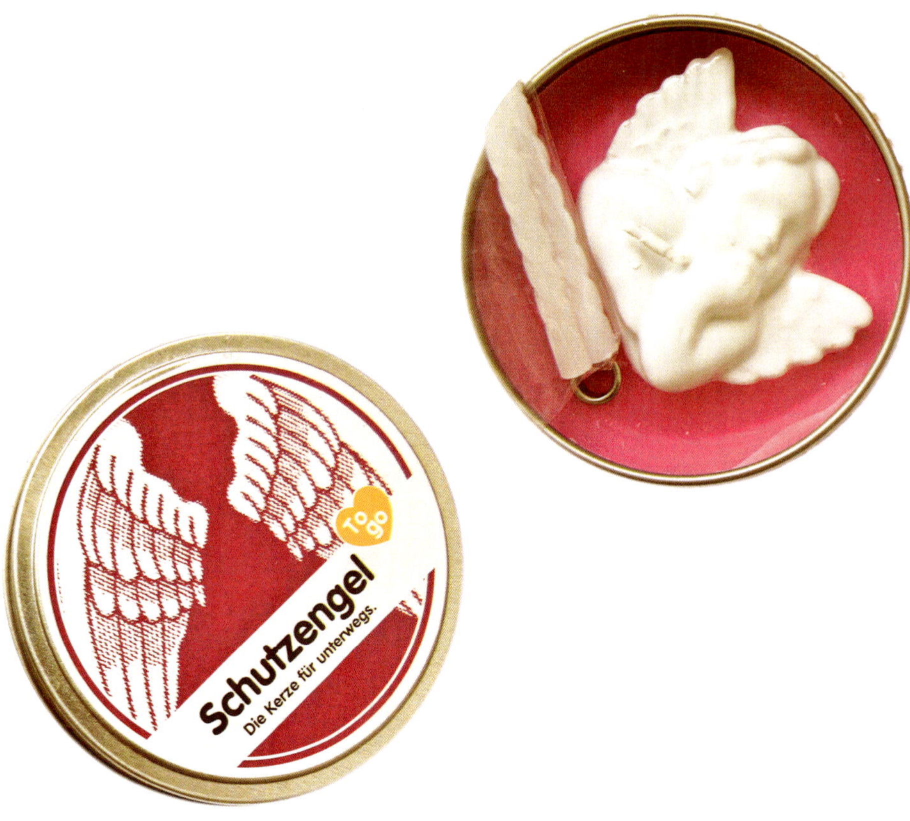

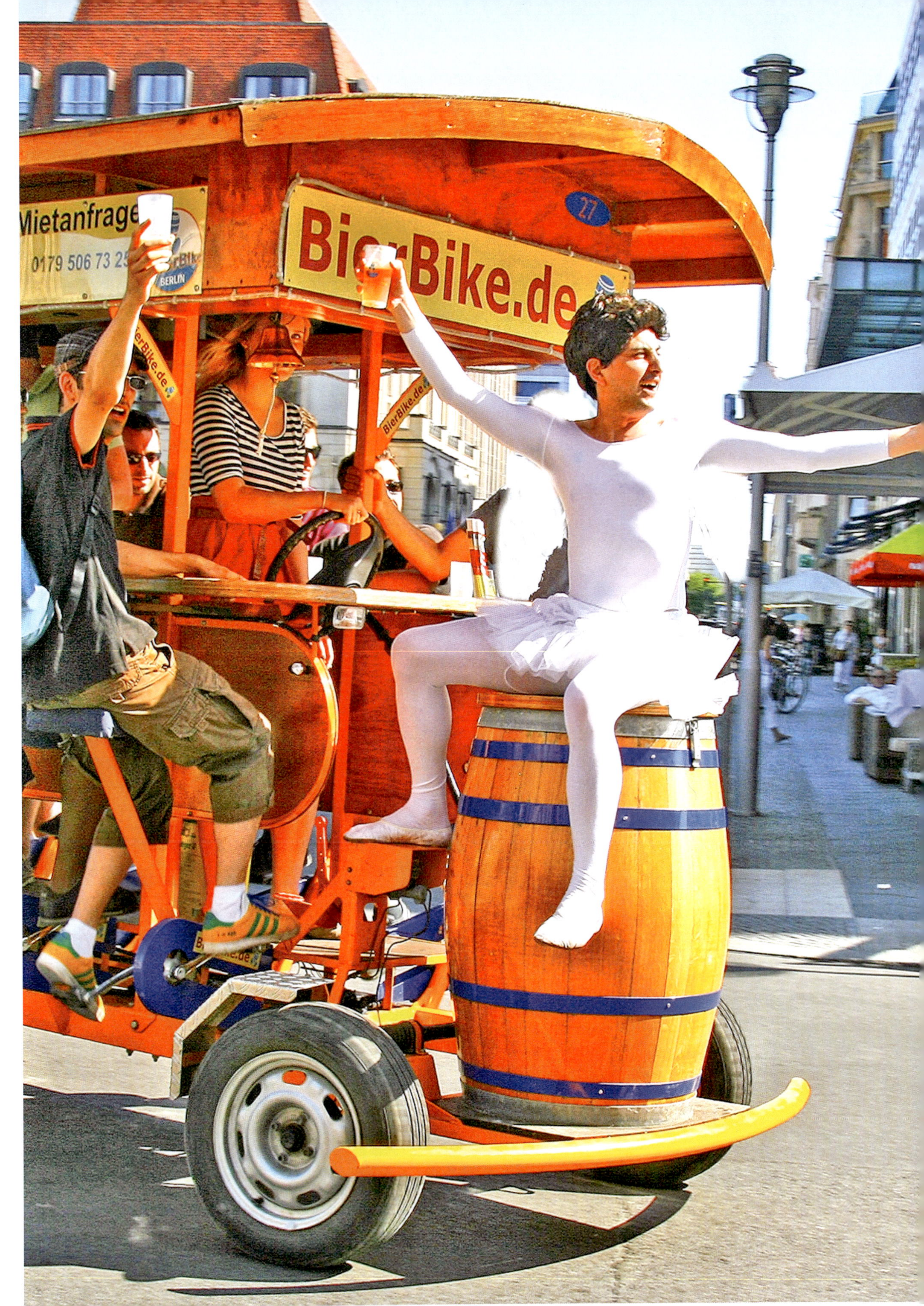
Mietanfrage
BierBike.de
27

Der Blaue Engel: Curry unter der Hochbahn

Der Blaue Engel ist kein himmlisches Wesen, sondern ein sündiges Hafenvarieté in einer deutschen Kleinstadt. Hier verwirrte die fesche Sängerin Lola den armen Professor Immanuel Rath, bis seine Schüler ihn „Professor Unrat" nannten. So heißt der Roman von Heinrich Mann; 1930 kam er als *Der blaue Engel* auf die Leinwand. Der Film machte Marlene Dietrich mit dem Lied: „Ich bin von Kopf bis Fuß auf Liebe eingestellt" weltbekannt. Diese Marlene ziert die Hochbahnpfeiler der Linie 2 in Prenzlauer Berg, wo Konnopke Currywurst verkauft, eine Berliner Institution. 1930 wurde der Imbiss von Max Konnopke gegründet, der Vater von Waltraud Ziervogel, die noch heute die Inhaberin ist. Gegenüber liegt das neue Restaurant *Filetstück*; hier braucht eher die Geldbörse einen Schutzengel.

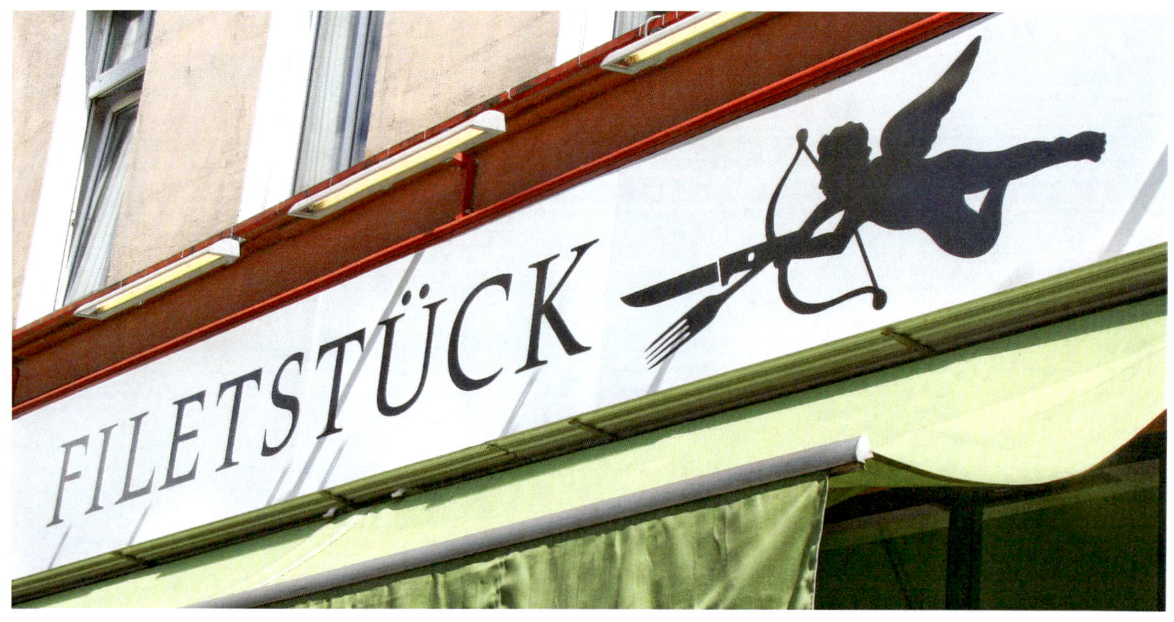

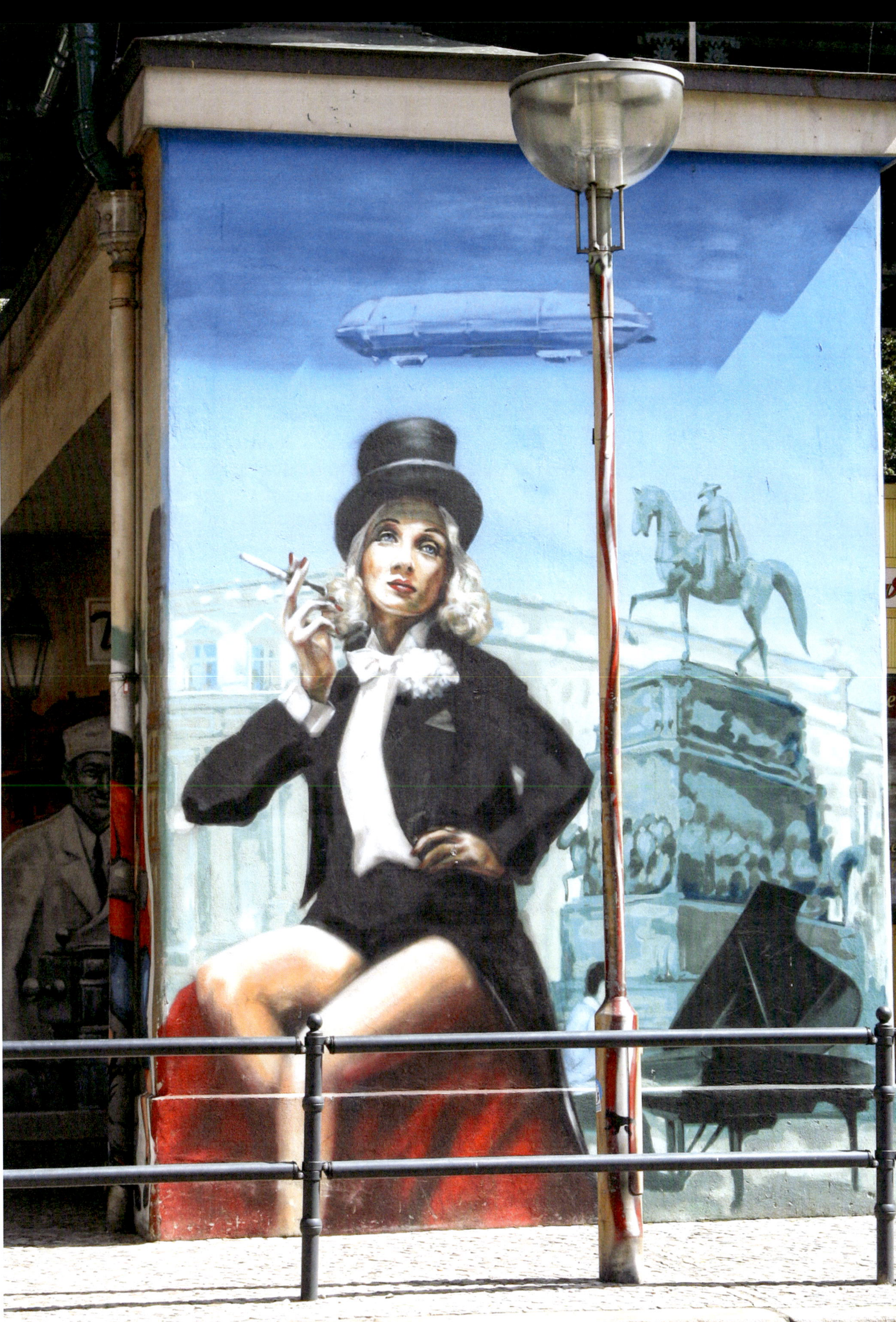

Zwillingsengel

Putten in Paaren

SIND ENGEL einmalig? Es ist, als wollte der Künstler, der vor Jahrhunderten diese Engel für Kirchen, Kloster oder vornehme Bürgerhäuser geschaffen hat, die heilende, segnende und fürsorgliche Wirkung der Engel verdoppeln, wenn er sie als Zwillinge in Stein meißelte. Haben die Auftraggeber dieser Engel mehr Glück als andere, oder einfach nur mehr Geld? Die Engelchen gucken vielsagend und sagen kein einziges Wort. Viele dieser kleinen Schutzengel sind Putten, ein italienisches Wort für Knäblein, und manche sind auch mehr Liebesbote, Eros, als Schutzengel. Aber was macht das schon. Denn Engel, so sagt die Dichterin Terri Guillemets, haben keine andere Philosophie als Liebe.

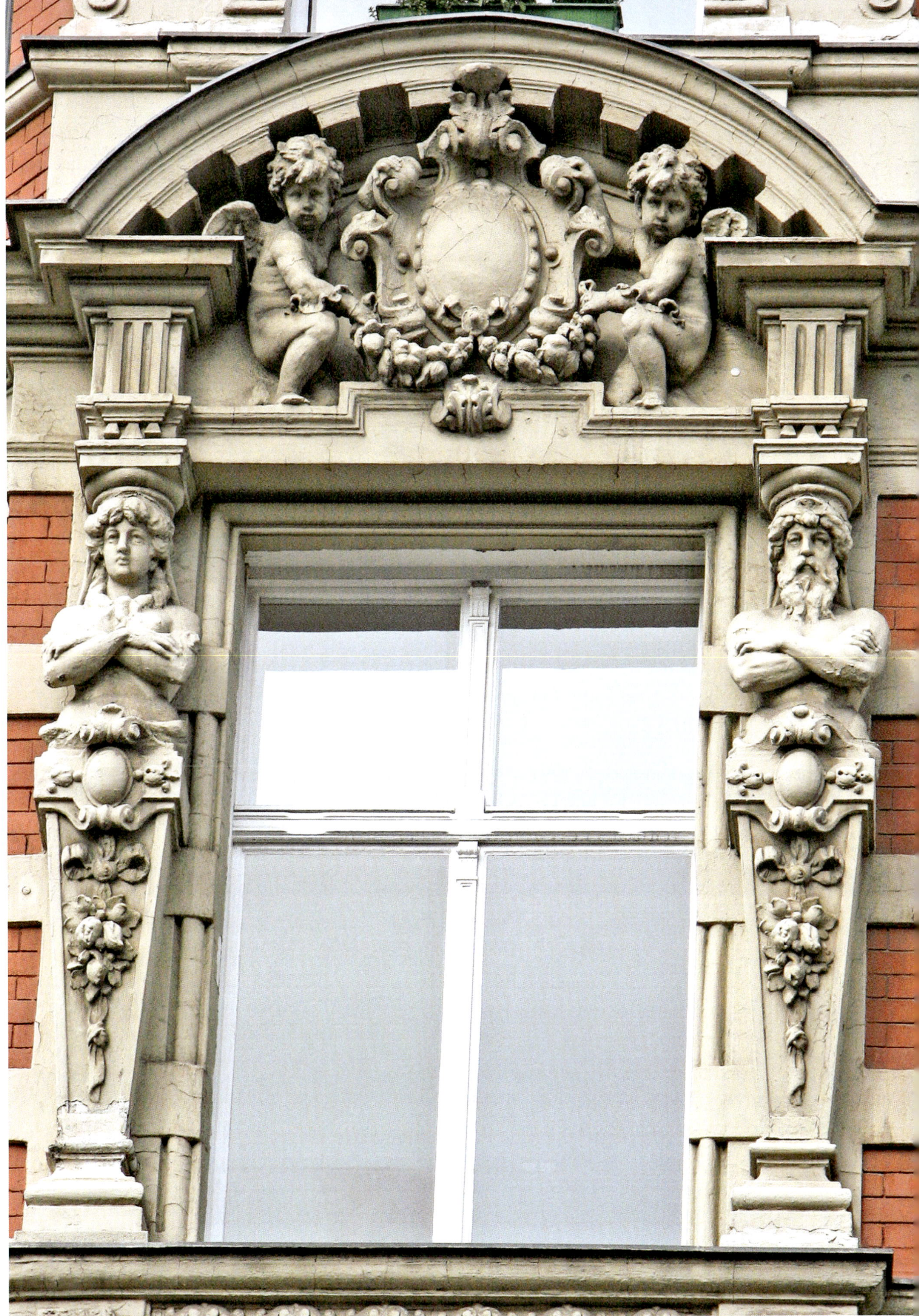

Kreuzberger Zierengel

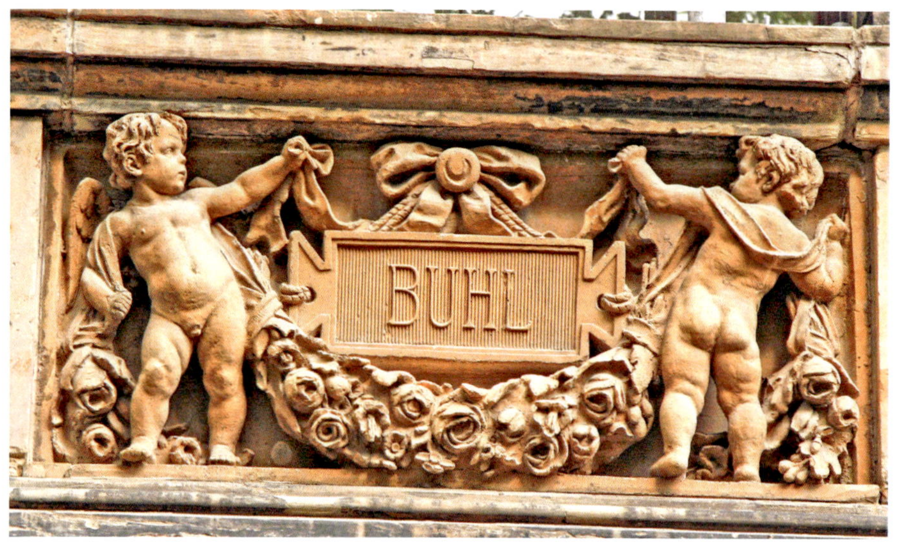

Die Zwillingsputten rechts wachen über einen Verwaltungsbau in der Kreuzberger Lindenstraße, einst für die Victoria-Versicherung errichtet. Die Engel oben schmücken den Gropiusbau. Das Kunstmuseum wurde von Martin Gropius, ein Großonkel des Architekten Walter Gropius, im Stil der italienischen Renaissance erbaut. Das Foto unten zeigt ein Engelpaar in der Friedrichstraße mit dem das Wappen Berlins.

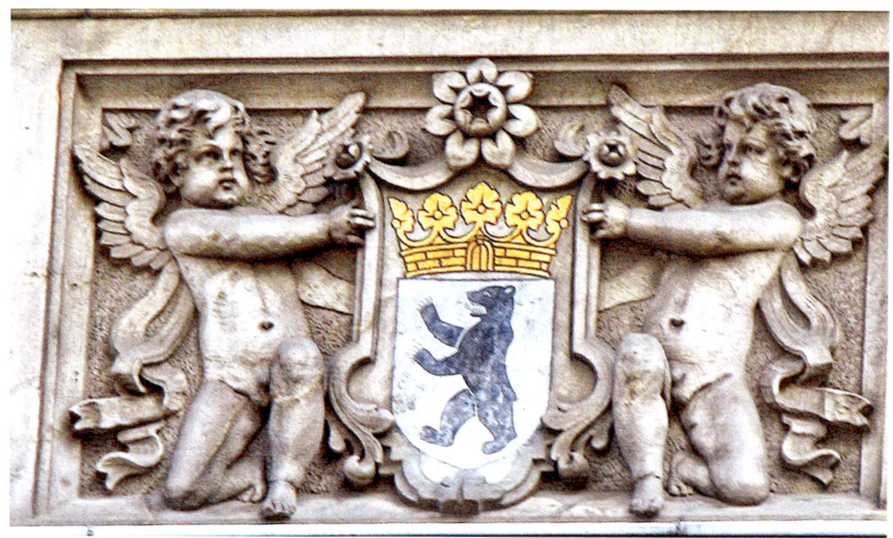

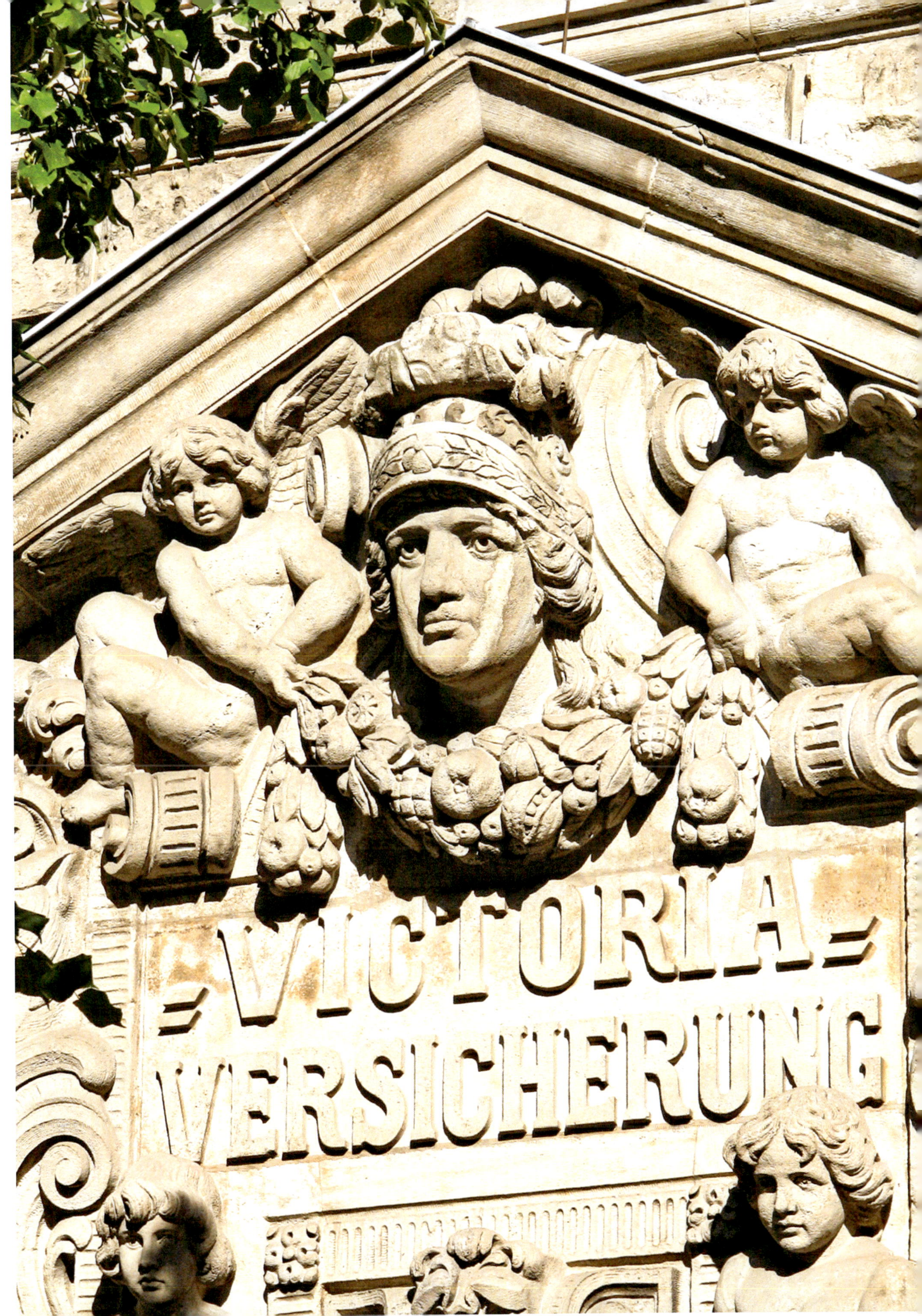
VICTORIA
VERSICHERUNG

Kirchenputten und Klosterzwillinge

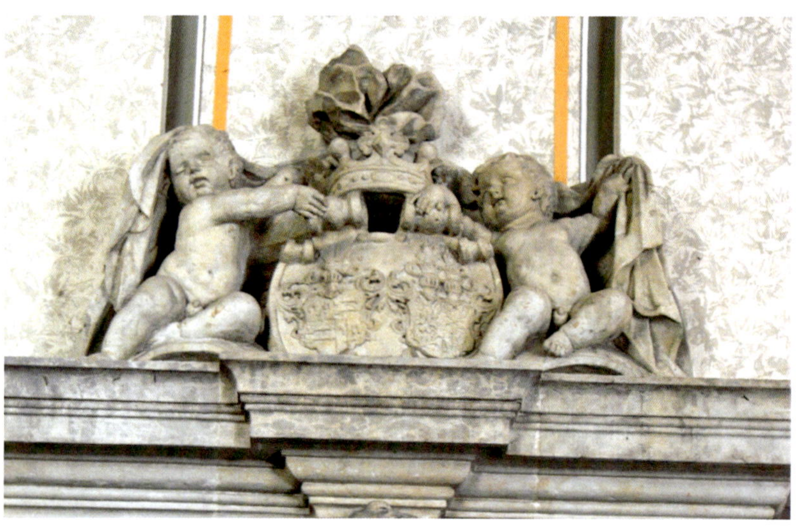

Zwillingsengel finden sich in vielen Berliner Kirchen, wie in der Parochialkirche auf dieser Seite, oder rechts, in St. Marien (oben) und St. Nikolai (unten). Oft krönen sie Altaraufsätze oder erinnern, wie unten, an die Endlichkeit des Lebens.

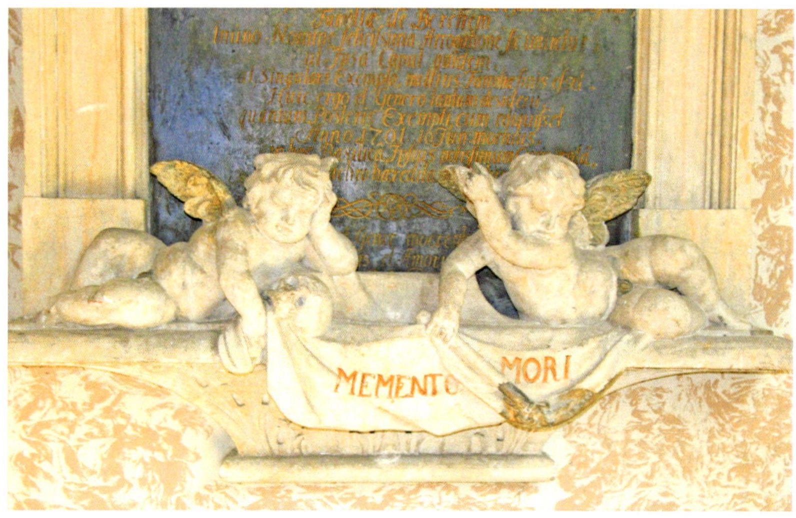

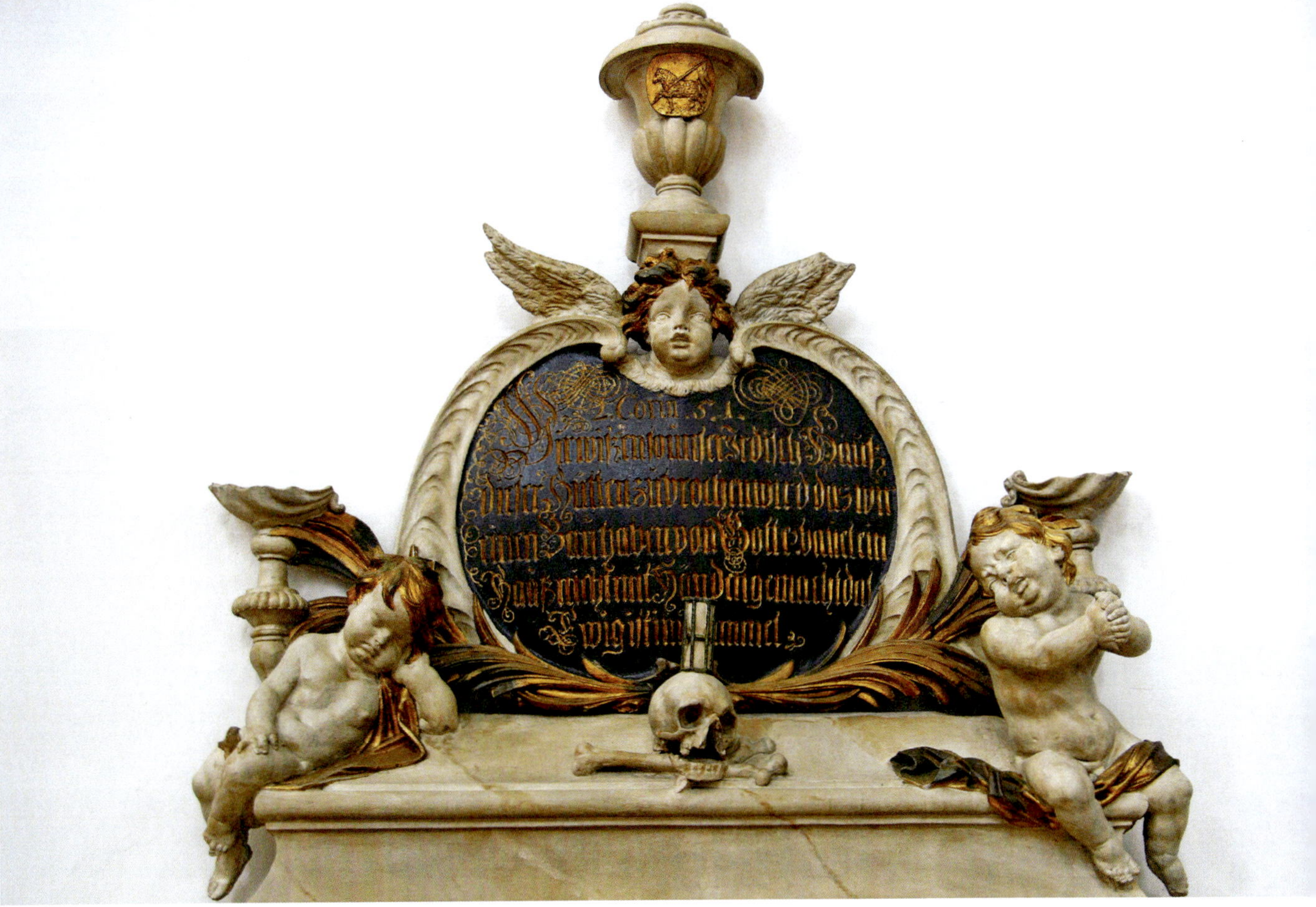

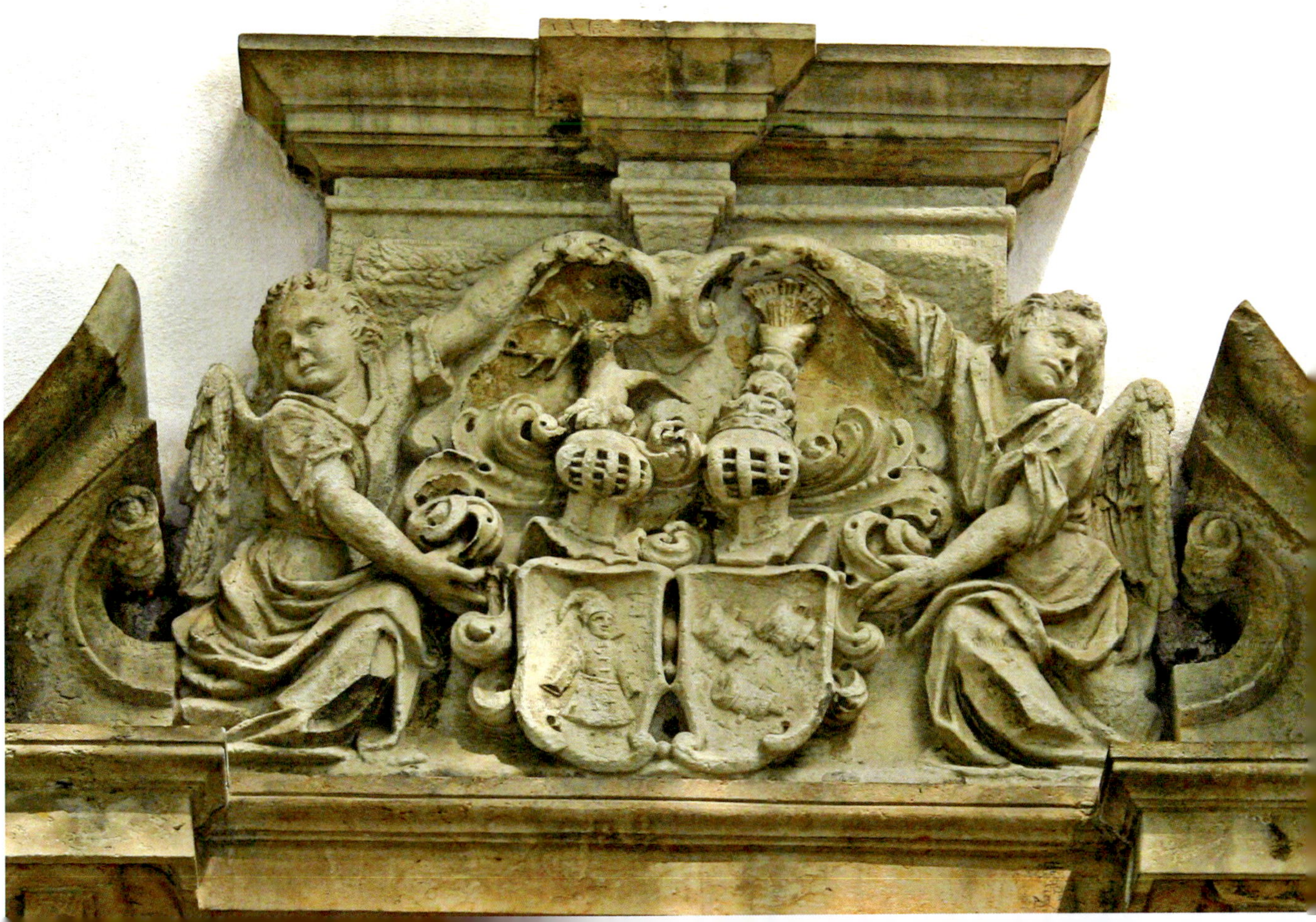

Kirchenengel

Kulturraum Zwinglikirche in Friedrichshain

WIESO „KULTURRAUM Zwinglikirche"? Jahrelang nach dem Mauerbau 1961 wurde das 1908 geweihte Gotteshaus nicht mehr kirchlich genutzt. Der imposante Bau schien zu schlafen, die wenigen verbliebenen Gemeindemitglieder gingen in andere Kirchen zum Gottesdienst. Erst nach dem Fall der Mauer begannen die Bewohner des Kiezes um den Osthafen und die Oberbaumbrücke, mit viel Enthusiasmus und Idealismus einen Verein zu gründen, der den Dornröschenschlaf beenden sollte. Seit 2007 gibt eben der Verein Kulturraum Zwingli-Kirche dem Baudenkmal wieder eine Funktion. Mit Ausstellungen, politischen Diskussionen, Kino und Lesungen ist die Kirche zu einer Begegnungsstätte in historischen Mauern geworden. Und der Engel, der — wie so oft in Berliner Kirchen — das Taufbecken hält, wacht noch immer über die Menschen, die kommen. Immerhin sind Engel auch für kluge Gedanken, Schönheit und Fairness zuständig.

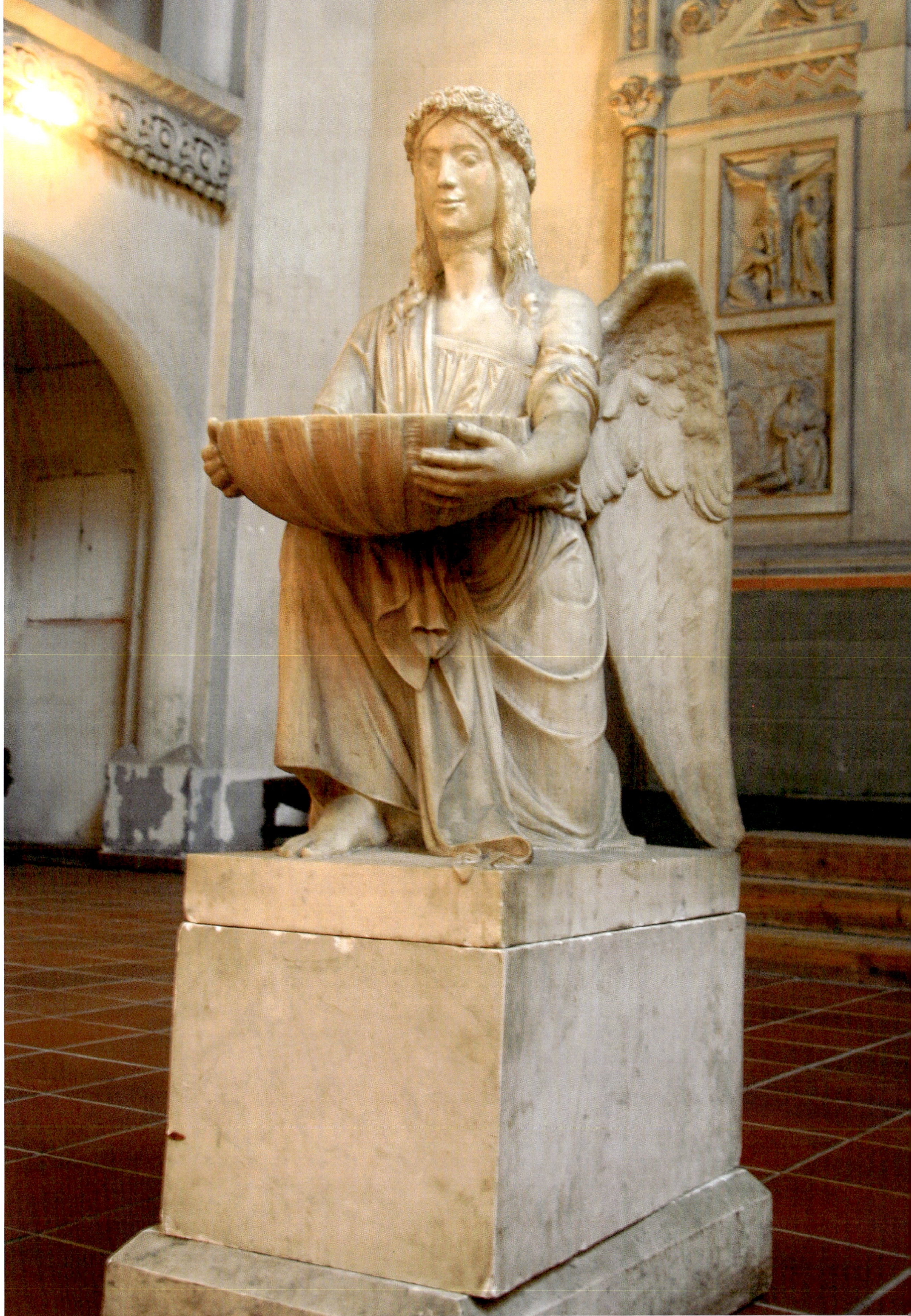

Wächter an der Mauer: St. Michael in Kreuzberg

Wächter am Engelbecken: Erzengel Michael, Bezwinger des Satans, Namensgeber des Beckens, wacht genau dort, wo früher die Mauer verlief. St. Michael wurde von 1851 bis 1856 von August Soller, ein Schüler von Karl Friedrich Schinkel, als Garnisonskirche errichtet. Sie wurde aber bald die katholische Gemeindekirche der rasch wachsenden Luisenstadt. Der Dichter Theodor Fontane beschrieb sie einst als schönste Kirche Berlins. Im Zweiten Weltkrieg wurde sie zerstört, in den sechziger Jahren wurde nur der Turm restauriert. Der Engel aus weißem Marmor ist zehn Meter hoch. Ursprünglich entstand er unter den Händen des Bildhauers August Kiss; heute steht eine Kopie auf dem Turm. Unten: Maria und der Erzengel Gabriel. Das Mosaik ziert die Tür der Kirche.

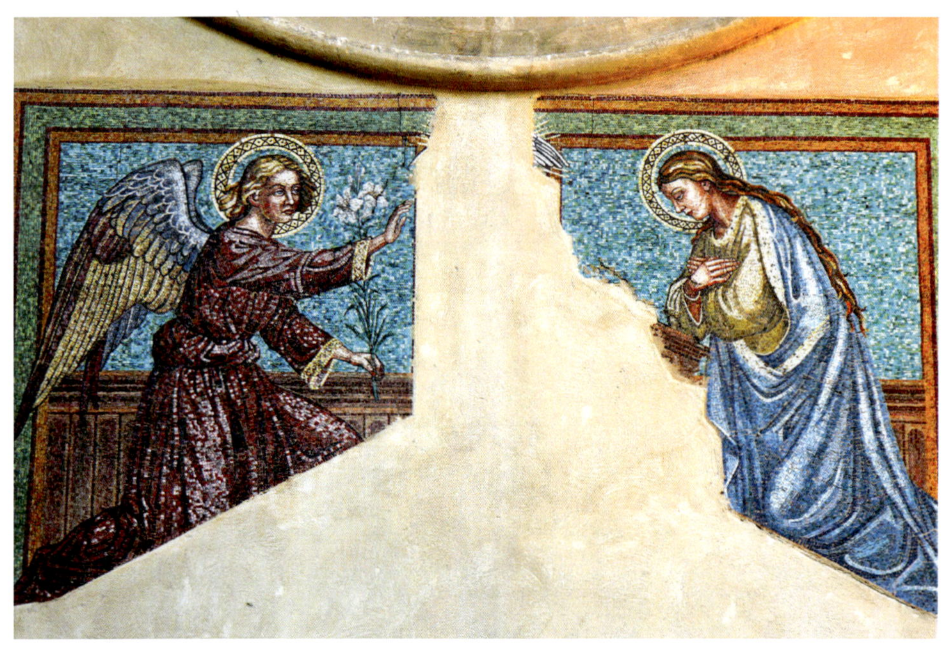

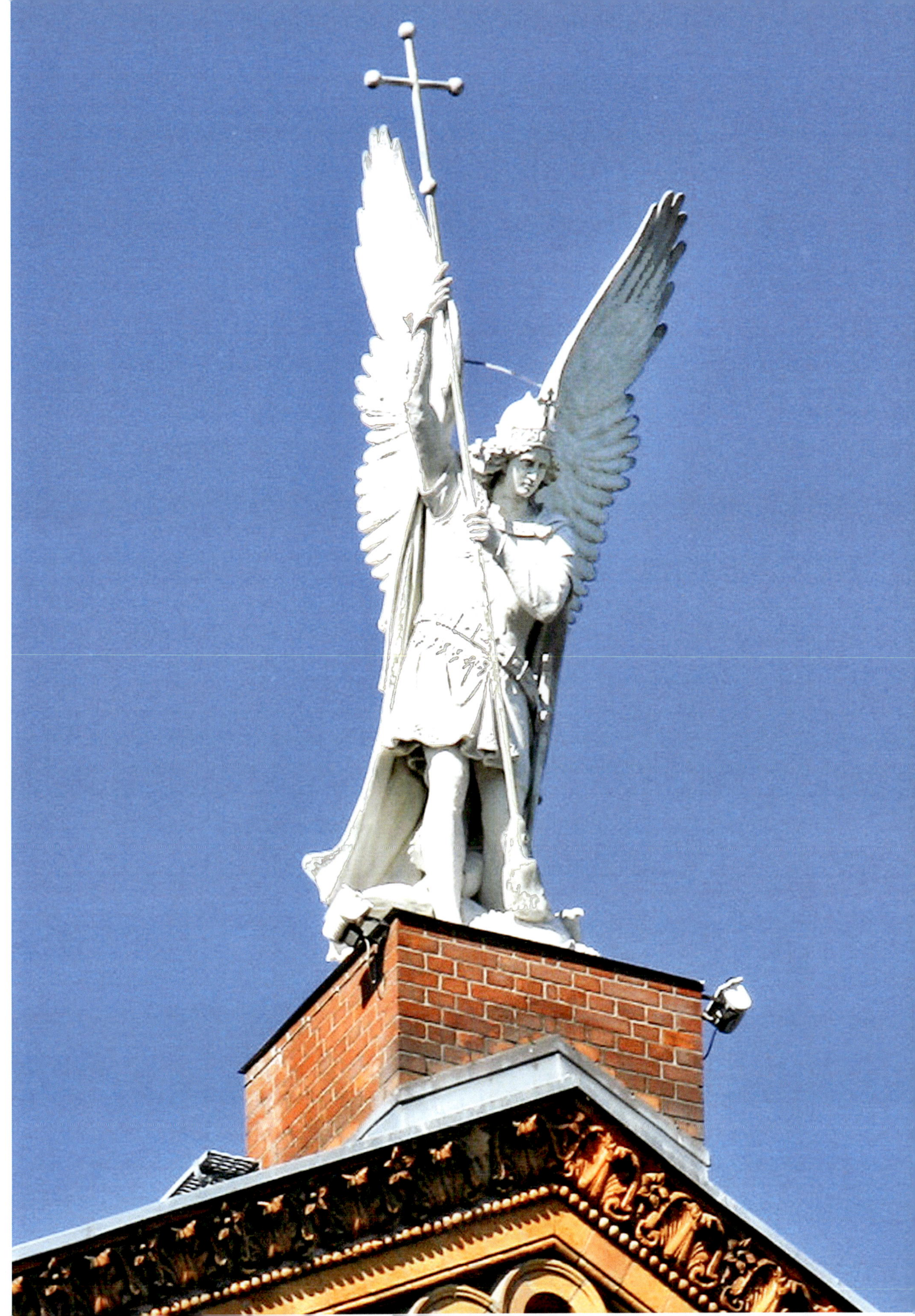

Das Herz Berlins: St. Nikolai in Mitte

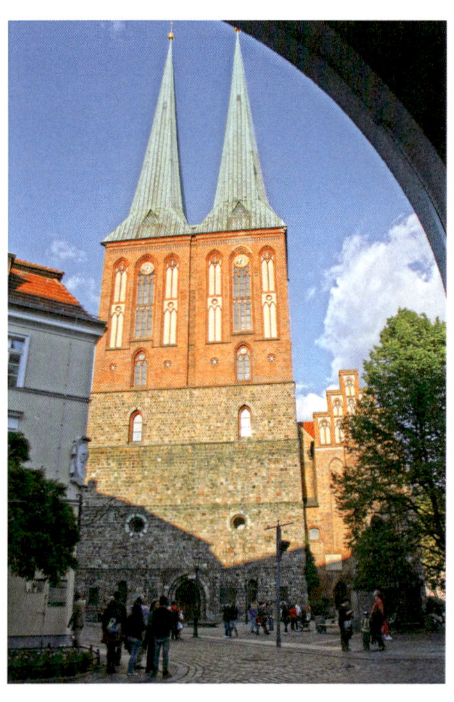

Berlins ältestes Gotteshaus steht im Nikolaiviertel, an dem Ort, wo die allerersten Berliner wohnten und arbeiteten — vor mehr als 800 Jahren. Kurz nach der Reformation predigte hier der Pfarrer und Komponist Paul Gerhardt. Nach der Zerstörung im Zweiten Weltkrieg wurde St. Nikolai in den achtziger Jahren wieder aufgebaut, die Kirche erhielt ihre Doppeltürme zurück. Heute ist sie Ausstellungshalle des Stadtmuseums für die Geschichte des Protestantismus in Berlin. Die schwebenden Engel im Altarraum, die an kaum sichtbaren Schnüren hängen, bar der Altäre, die sie einst schmückten, sind ein Gruß aus dem fernen Mittelalter ins Heute.

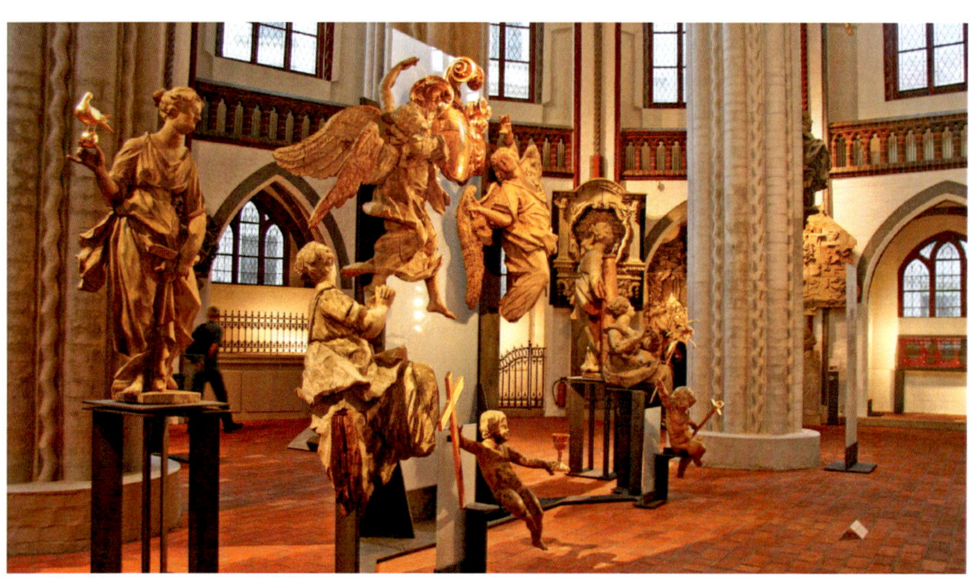

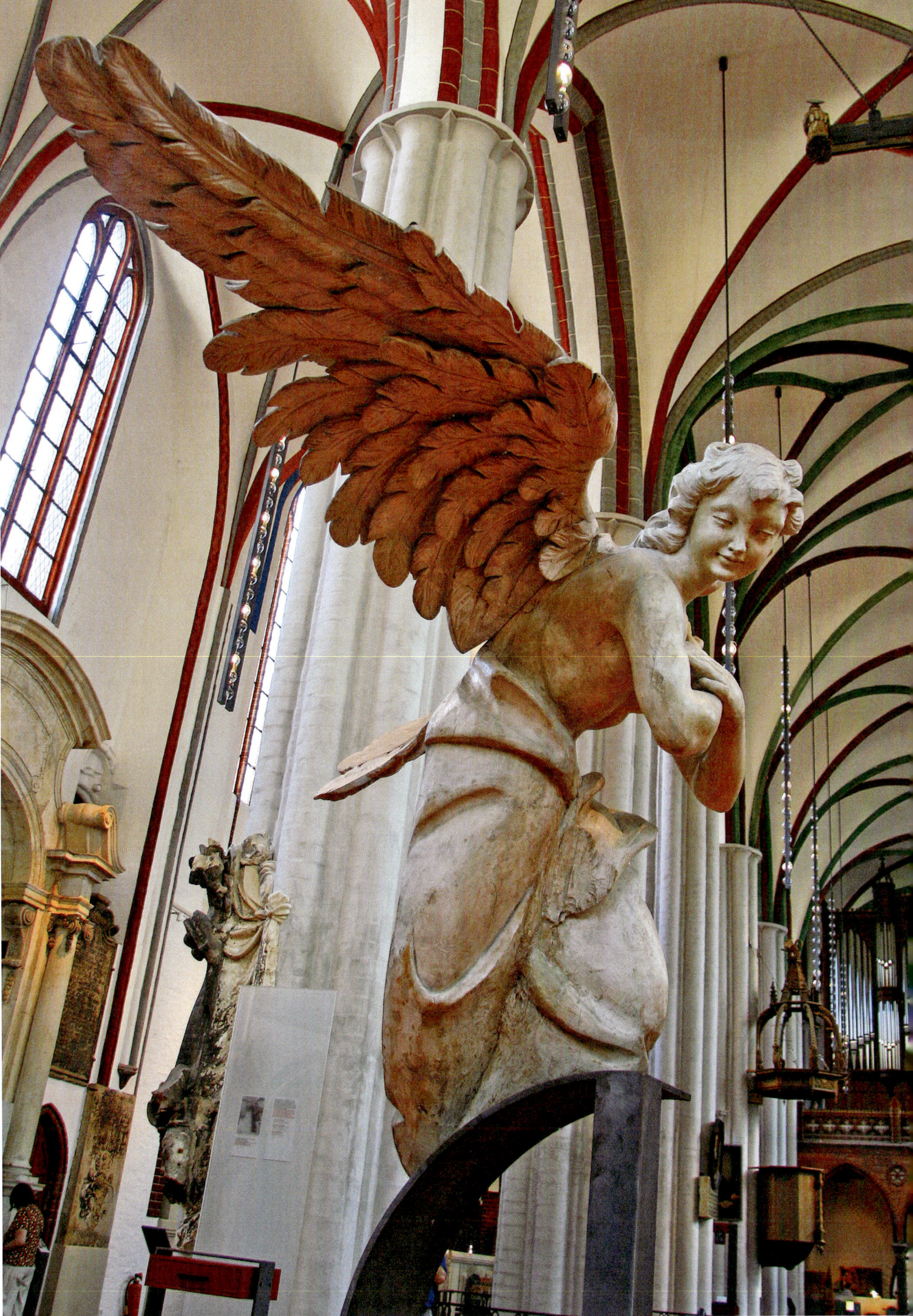

Gotik und Gold: St. Marien in Mitte

Die Marienkirche, die zweitälteste Pfarrkirche Berlins, nahe Fernsehturm und Alexanderplatz gelegen, wurde anno 1292 erstmals urkundlich erwähnt. Sie war die Kirche der Ur-Berliner in der damaligen Neustadt zwischen Alexanderplatz und Spree. St. Marien besteht aus einem dreischiffigen Langhaus mit hohen gotischen Fenstern. Der Backsteinbau ruht auf einem Feldsteinsockel. Im Inneren sind Sarkophage und Grabplatten reicher

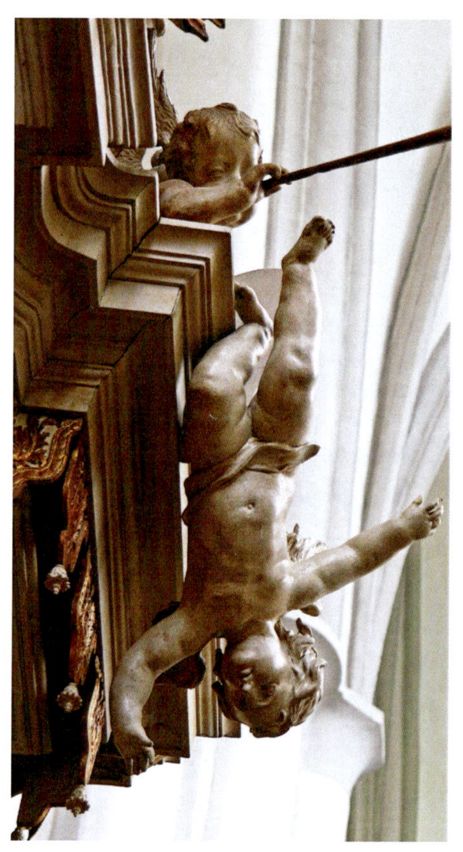

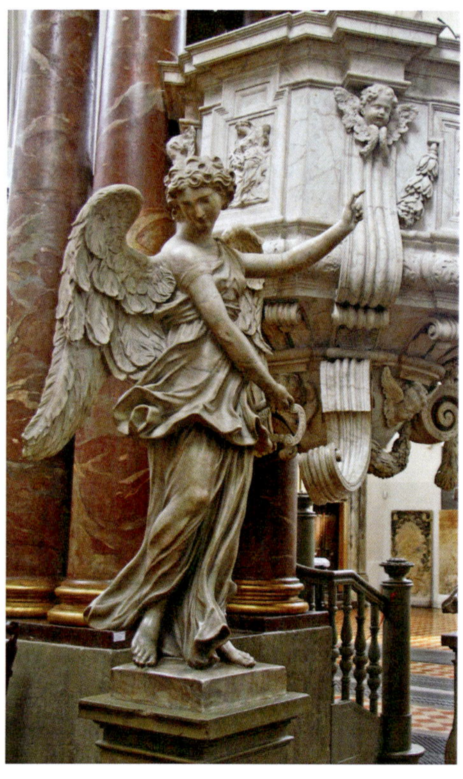

Bürger des Mittelalters ausgestellt, wie auch ein Fresco von 1485, *Der Totentanz.* In der Evangelisch-Bischöflichen Predigtkirche, in der zu DDR-Zeiten auch der amerikanische Bürgerrechtler Martin Luther King Jr. einmal gepredigt hat, finden gelegentlich Orgelkonzerte statt — und auch die Orgel ist von goldenen Engeln umringt.

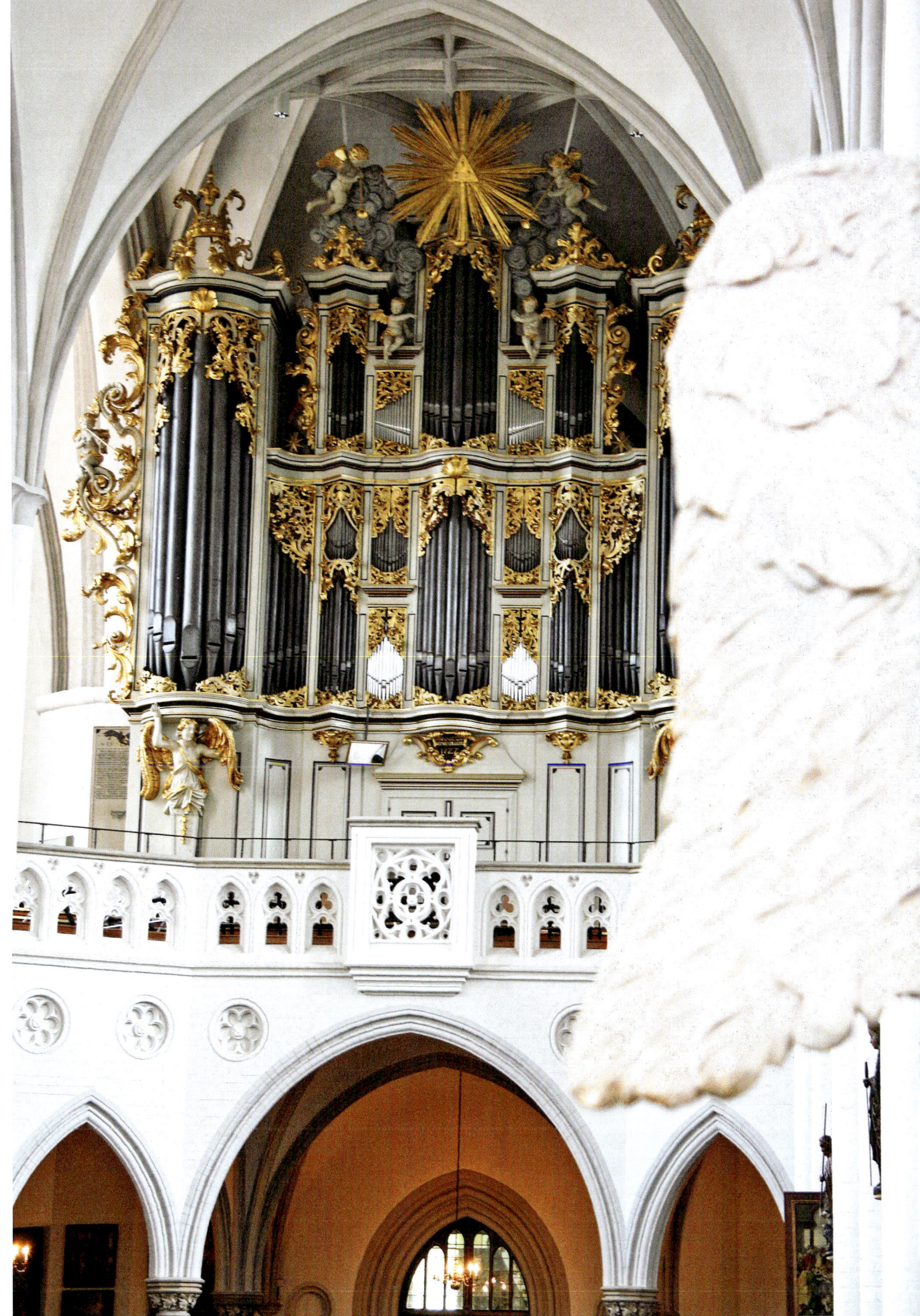

Hugenotten und Polen: Die Hedwigs-Kathedrale

Es war Friedrich der Große, der die Hedwigs-Kathedrale beauftragte; erbaut wurde die Kirche mit den Engelfresken und der grünen Kuppel 1773, am Bebelplatz, dem damaligen Opernplatz. Die Architekten, Georg Wenzeslaus von Knobelsdorff und Jean Laurent Le Geay, gestalteten sie nach dem Pantheon in Rom. Benannt ist die Kirche nach der Heiligen Hedwig, die um 1200 Herzogin von Schlesien war und die aus Mitleid mit den Armen im Winter barfuß gegangen sein soll.

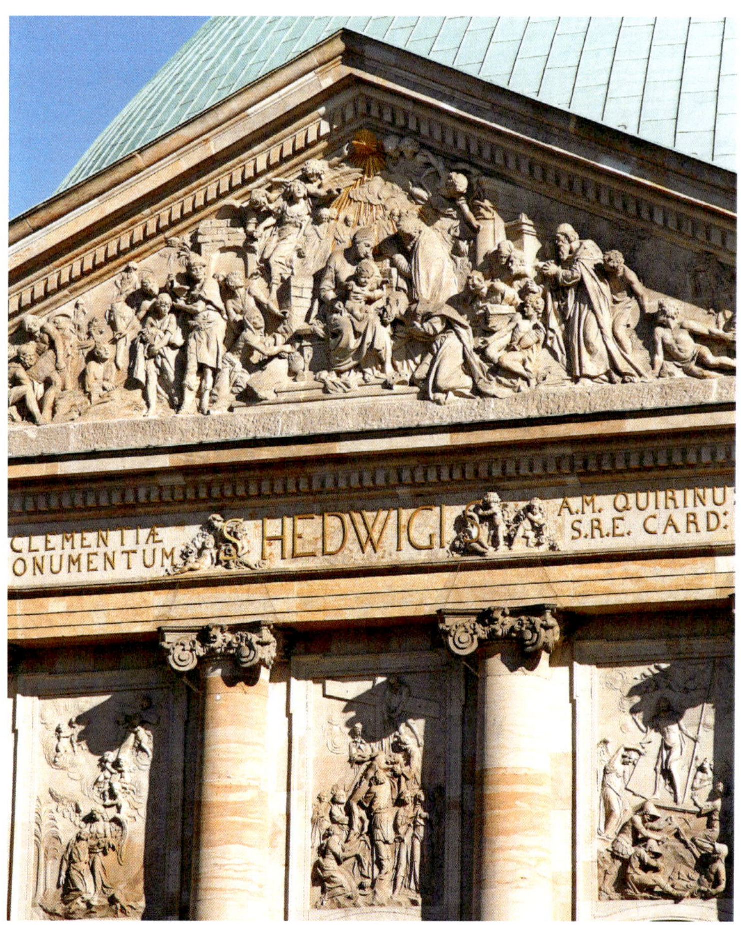

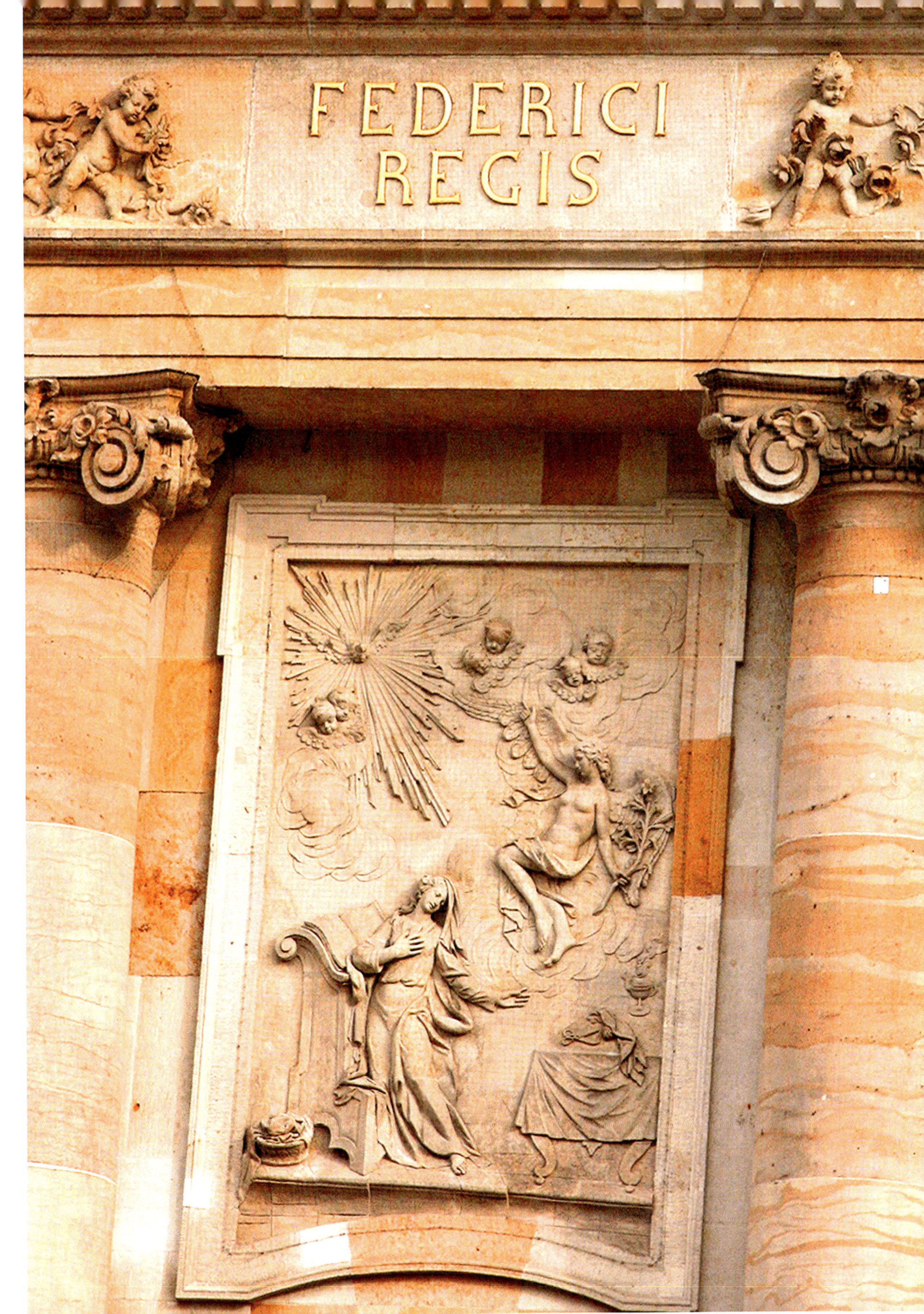
FEDERICI
REGIS

Trutzburg des Herrn: Der Berliner Dom

Figurenreich ist nicht nur die Fassade des Berliner Doms am Lustgarten. Auch das Innere der größten protestantischen Kirche der Stadt, die erst 1905 erbaut wurde, ist voller Pracht und Prunk. Der Dom war die Tauf- und Traukirche der Preußischen Kaiser und Könige, viele von ihnen fanden in der Gruft unter der Kirche ihre letzte Ruhe. Heute sind die Grabmäler und verzierten Sarkophage aus dem 15. bis 19. Jahrhundert für die Öffentlichkeit zugänglich. Im Dom finden noch immer Andachten, Gottesdienste, Orgel- und Chorkonzerte statt. Aber auch das Schauspiel *Jedermann* vom Leben und Sterben eines reichen Mannes hat hier seine Bühne gefunden.

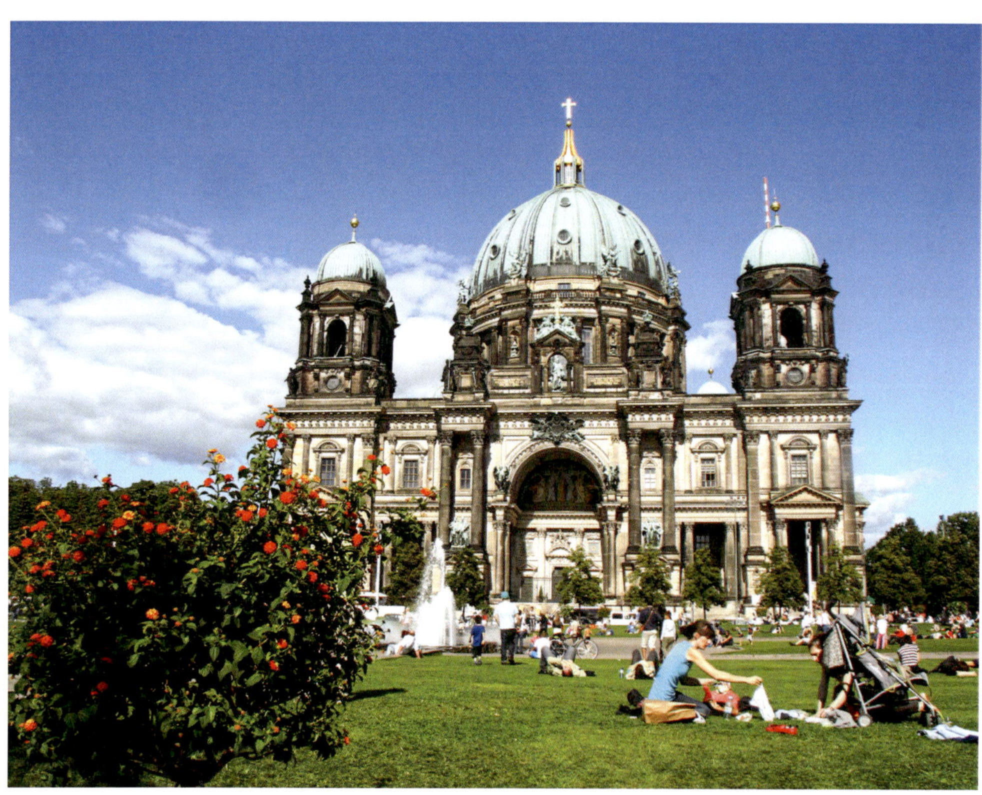

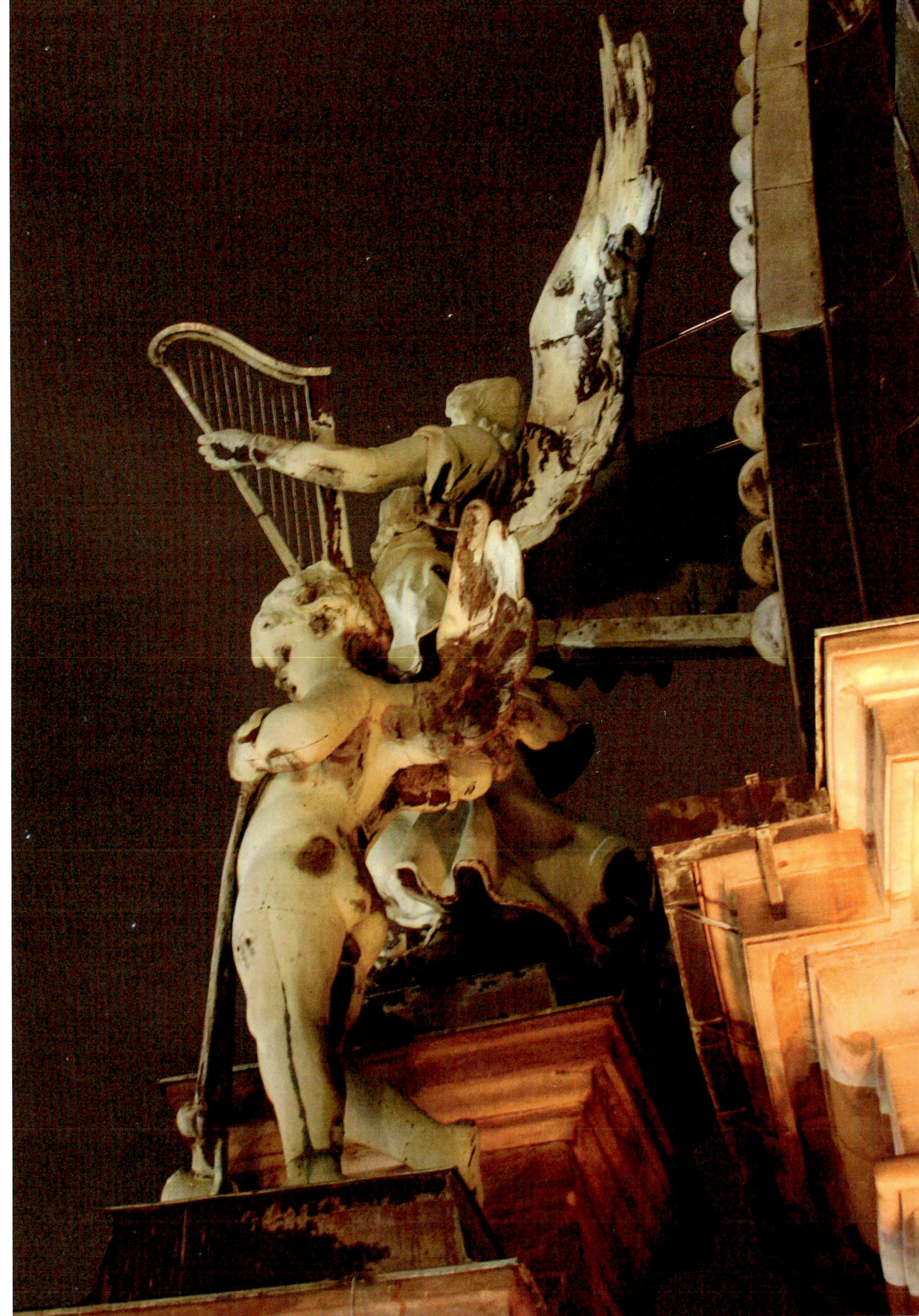

Schinkels Meisterwerk: Friedrichswerdersche Kirche

Auch hier, über dem Hauptportal der Friedrichswerderschen Kirche inmitten Berlins, wacht der Erzengel Michael. Die Kirche,1830 von Karl Friedrich Schinkel erbaut, liegt am Kupfergraben, ein Arm der Spree gegenüber dem Schloss, dort, wo Berlin 1237 gegründet wurde. Ursprünglich war der Engel aus Terrakotta. Erst in den achtziger Jahren, als die Kriegsbeschädigungen behoben wurden, wurde ein neuer Engel angebracht, nun aber aus Bronze. In die schwere, ebenfalls bronzene Kirchentür sind mehr als ein dutzend kleinere Engel eingelassen. Heute ist die Kirche ein Museum für die Skulpturen von Schinkel, umgeben von leuchtenden Glasfenstern, wo Engel zum Himmel fahren.

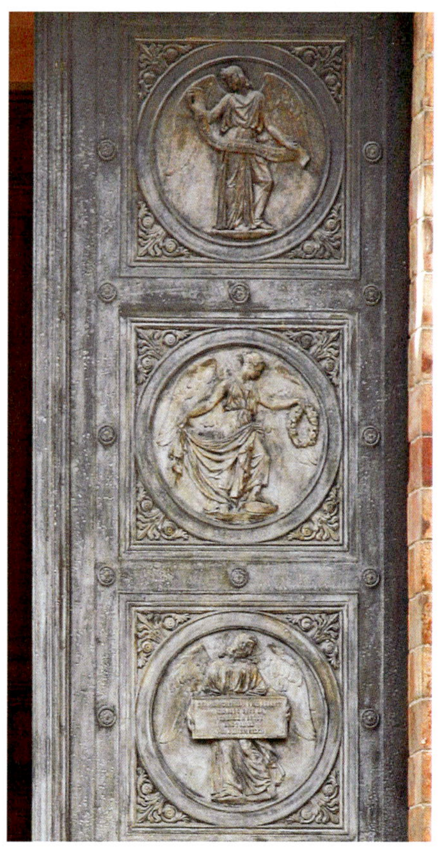

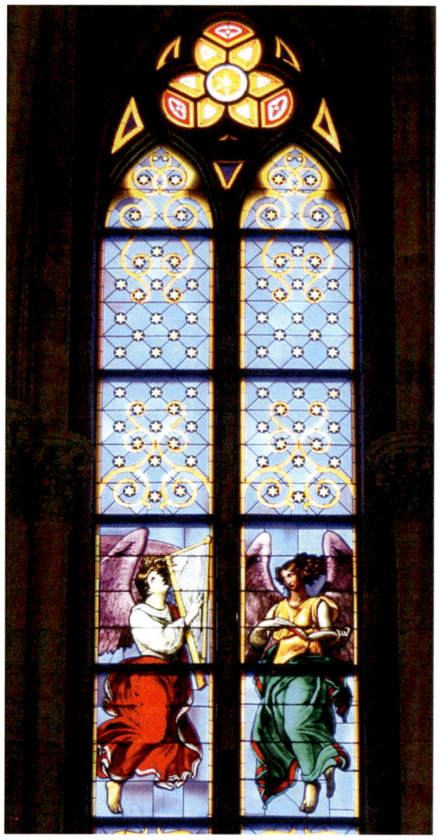

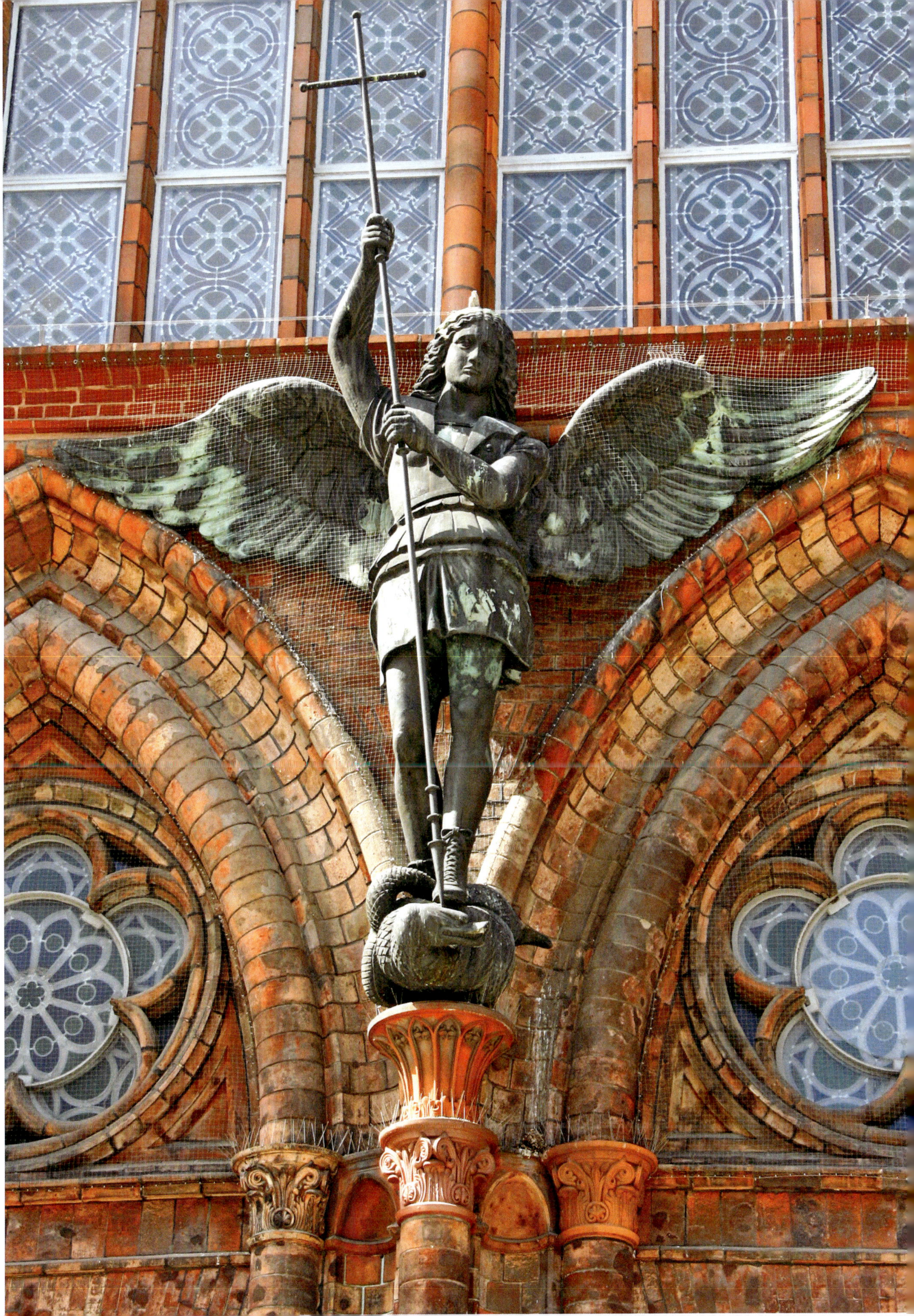

Sterbliche Engel: Das Märkische Museum

Das Berliner Heimatmuseum sieht aus wie eine kleine Burg. Ein Turm aus roten Ziegelsteinen ragt weithin sichtbar über die Spree, an deren Ufer das Märkische Museum um 1902 gebaut wurde. Ludwig Hoffmann, der Architekt, kopierte dafür Gebäude überall in der Mark Brandenburg, von dem Bergfried der Bischofsburg Wittstock über die Katharinenkirche in der Stadt Brandenburg bis zum Rathaus von Tangermünde und dem Roland von Brandenburg, ein Denkmal aus Muschelkalkstein von 1474. Dieser Engel gegenüber ist ein alter Kirchenengel aus Holz, der von den guten Händen der Museumsfachleute restauriert wird.

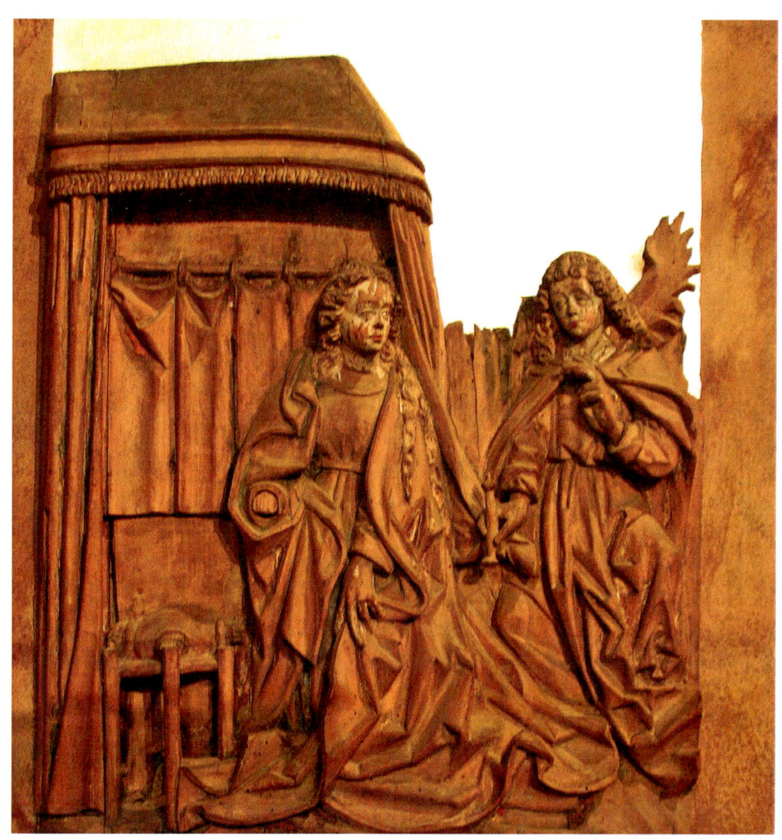

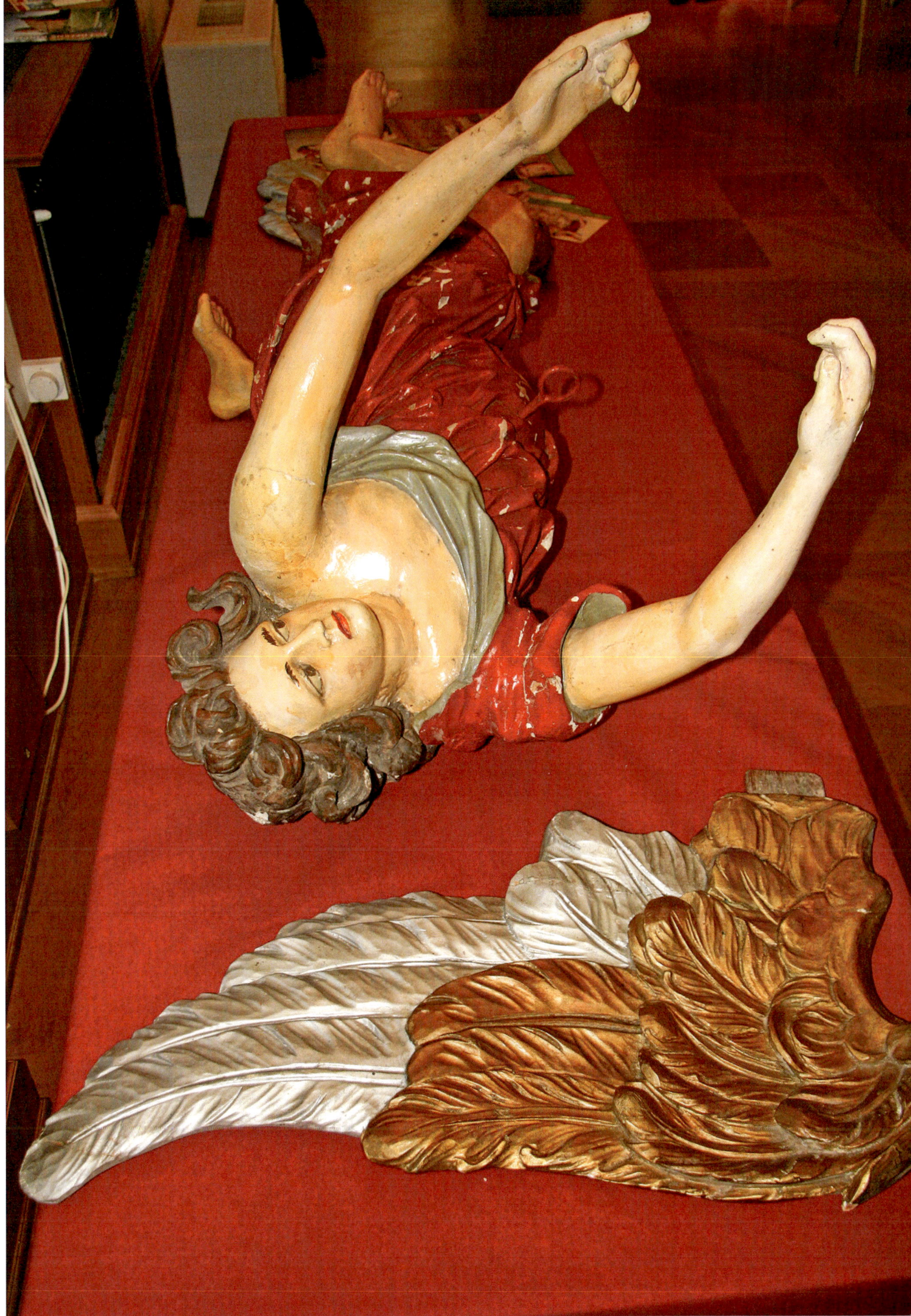

Angelus Novus: Der Engel der Geschichte

Den Engel der Geschichte hat Paul Klee gemalt, Berliner Künstler der Weimarer Zeit, der den jungen Engel als „Geschöpf im Vorzimmer der Engelschaft" sieht. Das Aquarell wurde 1921 von dem jüdischen Dichter Walter Benjamin erworben. Er ließ es sich nach seiner Flucht vor den Nazis von Freunden nach Paris nachschicken. 1940 floh Benjamin erneut; er brachte sich im spanischen Portbou um, als die Grenzer ihn nicht einließen. Das Bild, das in Paris geblieben war, kam in die Hände von Theodor Adorno in New York, der es Benjamins Freund Gershom Scholem gab. Scholem vermachte es dem Israel-Museum in Jerusalem. Im Sommer 2025 wurde das Bild im Bode-Museum in Berlin ausgestellt.

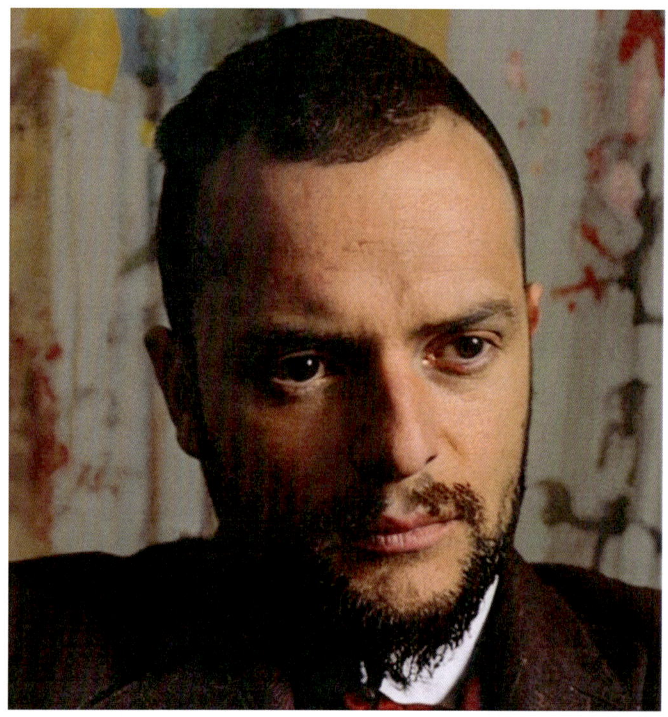

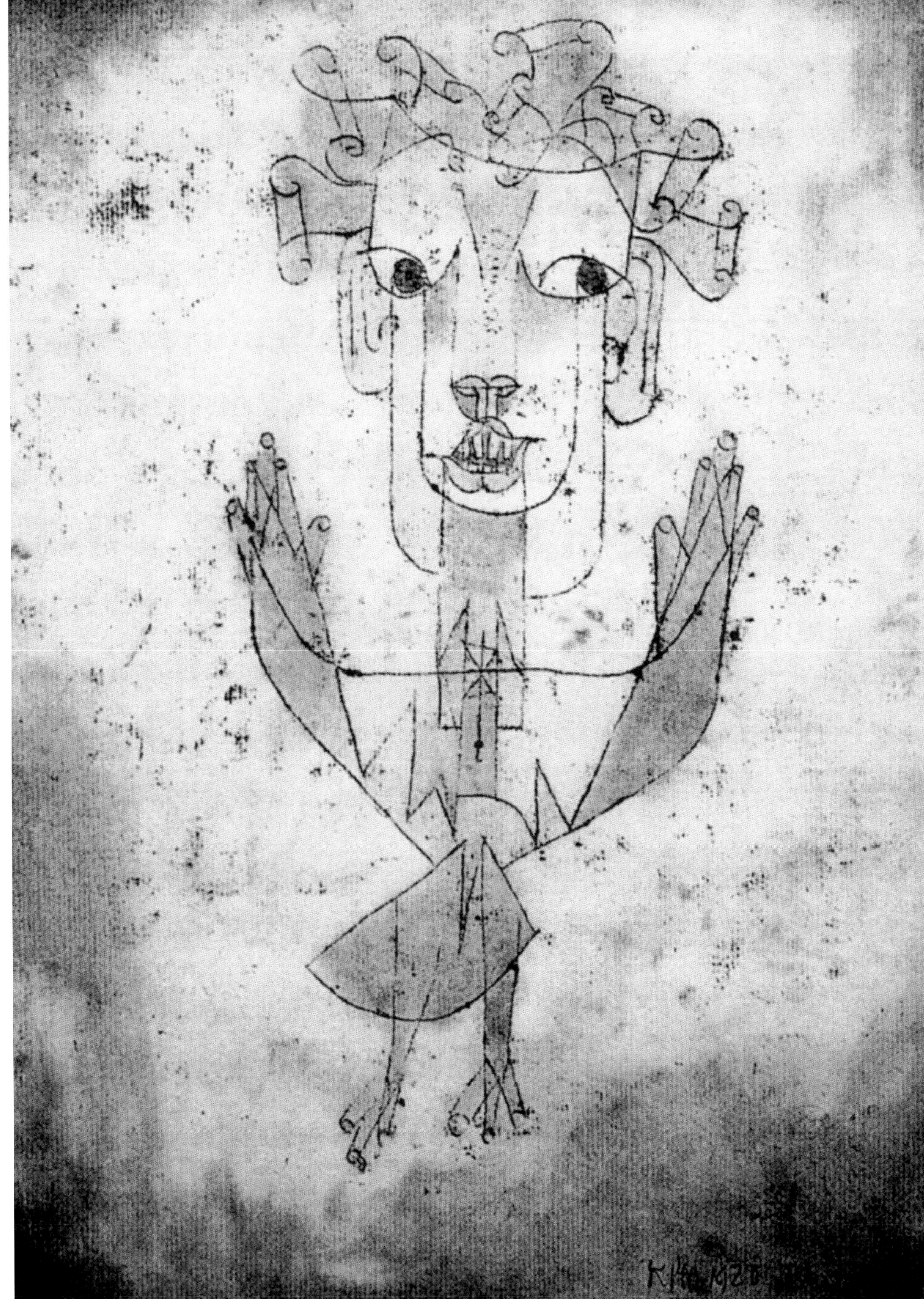

Grabengel

Marmor, Stein und Eisen

Viele, hunderte Engel gar finden sich auf den Grabsteinen der Berliner Friedhöfe, wo sie Trost spenden und den Weg zum Himmel weisen, wenn die Stunde geschlagen hat, für Arme und für Reiche, Unbekannte und Berühmte, wobei andererseits sich die schönen großen Marmorengel doch eher bei den Reichen und Berühmten finden.

Der Invalidenfriedhof, eine letzte Ruhestätte für Preußische Militärs, wurde Mitte des 18. Jahrhunderts an der Scharnhorststraße angelegt. Zu den Offizieren, die hier beigesetzt sind, gehört Generalfeldmarschall Hermann von Boyen, dessen Grab von zwei fast identischen Engeln geschmückt wird, entworfen von August Stüler. Der Invalidenfriedhof befand sich während der Teilung Berlins direkt auf der Grenze zwischen Ost und West. Als die Mauer errichtet wurde, gehört er zum schwer bewachten, unbetretbaren Grenzgebiet. Tausende Gräber wurden erst durch den Krieg, dann durch die Grenzanlagen vernichtet, von einst 3000 Grabstellen sind nur noch wenige hundert erhalten. Ursprünglich wollten die Alliierten den Friedhof sogar einebnen, um die Erinnerung an Preußen zu tilgen. Das geschah dann aber doch nicht.

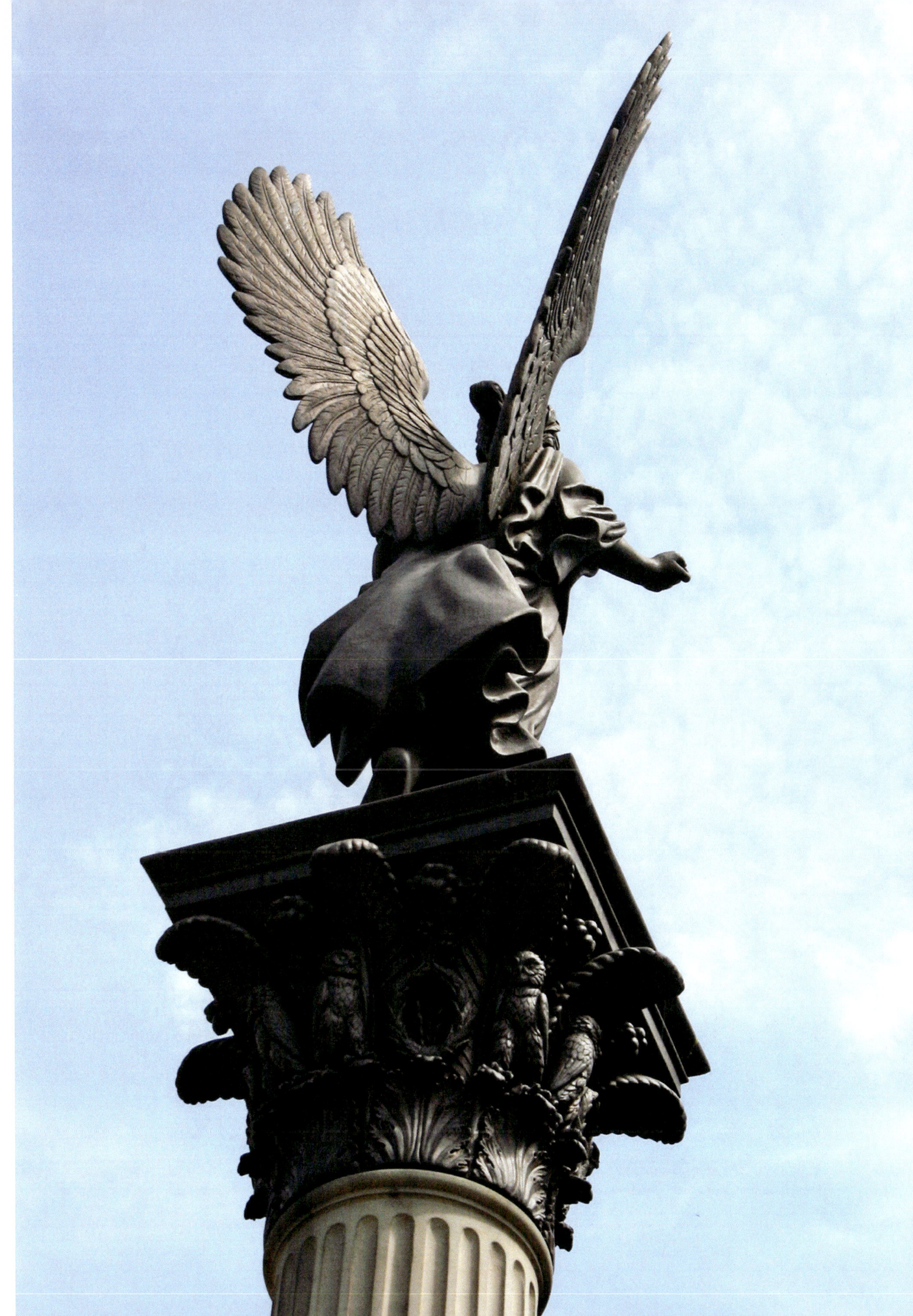

Invalidenfriedhof: Preußen in Peking

Der Jugendstilengel rechts ziert das Grab eines Generaldirektors, Eduard Julius Nolte. Unten links: Der Grabengel des preußischen Kriegsministers Job von Witzleben, gestaltet von Karl Friedrich Schinkel. Unten rechts: Unter diesem mit einem Engel verzierten Stein liegt Generalmajor Karl Julius von Gross, genannt Schwarzhoff, der im Boxer-Aufstand in China gekämpft hat. Er starb, als er bei einem Brand im Kaiserpalast von Peking versucht hatte, Akten zu retten — ein echter Preuße eben.

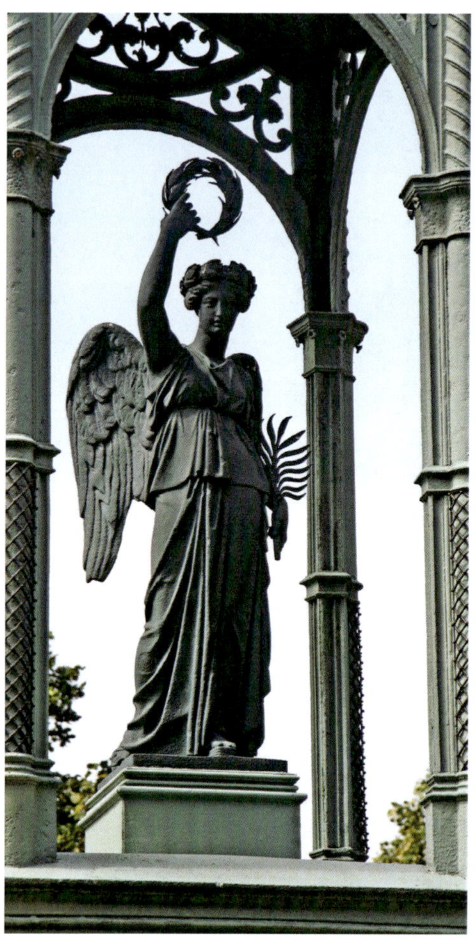

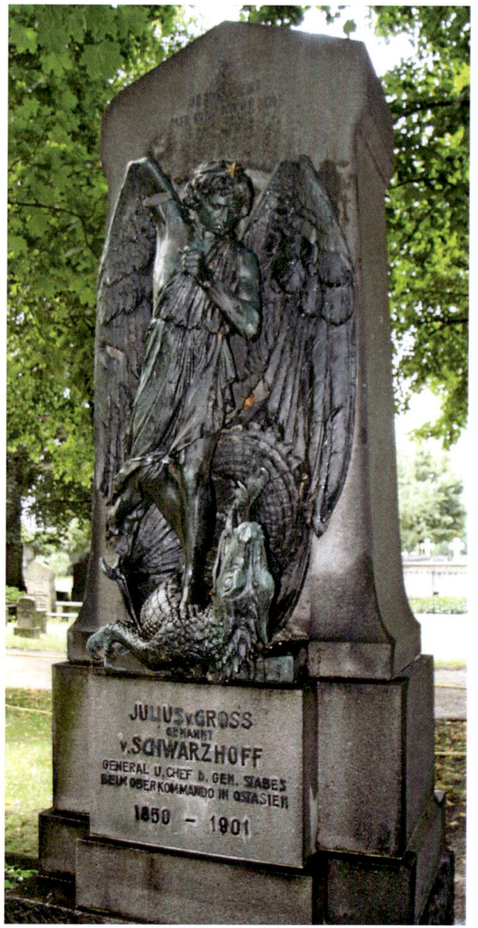

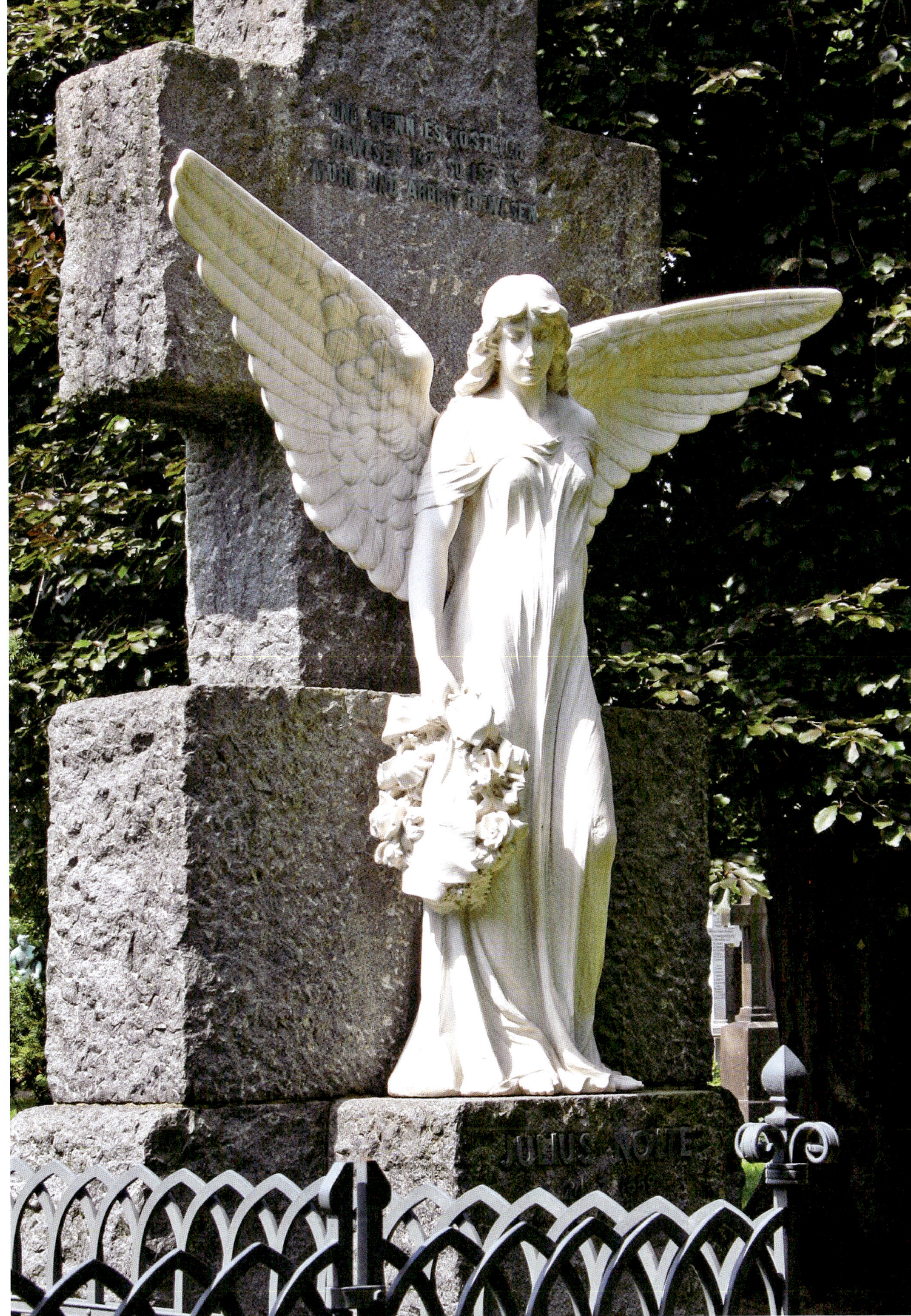
JULIUS NOLTE

St. Hedwigs-Friedhof: Hüter hinter Stacheldraht

Das ist nicht alltäglich: Ein Bildhauer gestaltet Engel, die betend und mit hochgeschlagenen Flügeln den Eingang flankieren – für einen Friedhof, auf dem er selbst eines Tages die letzte Ruhe findet. Es ist Josef Limburg, der den ältesten katholischen Friedhof der Stadt mit seiner Kunst bereicherte. Der St. Hedwigs-Friedhof liegt mit zwei weiteren Grabesstätten nahe der Chausseestraße. Das machte ihn zum Teil der Grenzanlagen in den fast drei Jahrzehnten, als Berlin durch die Mauer geteilt war. Damals wurde ein Teil der Gräber von den DDR-Grenztruppen eingeebnet, Limburgs Engel standen hinter Stacheldraht. Heute ist die Mauer abgerissen, von einem kleinen Stückchen zur Erinnerung abgesehen, aber das unschuldige grüne Gras spricht zu uns von dem, was hier einst war. Nur die Engel am Eingang schweigen.

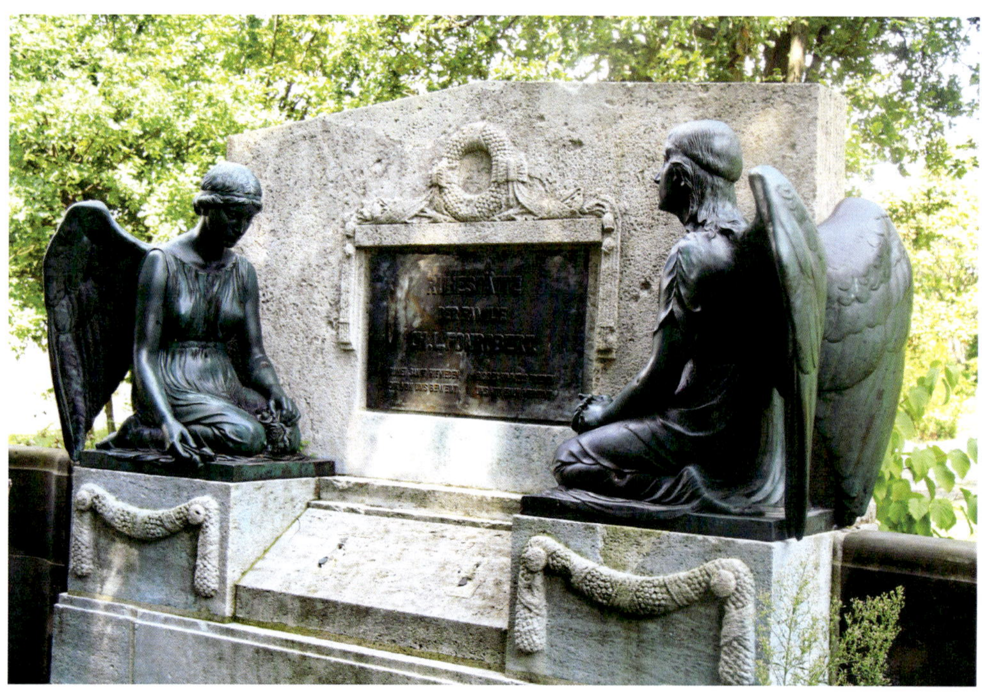

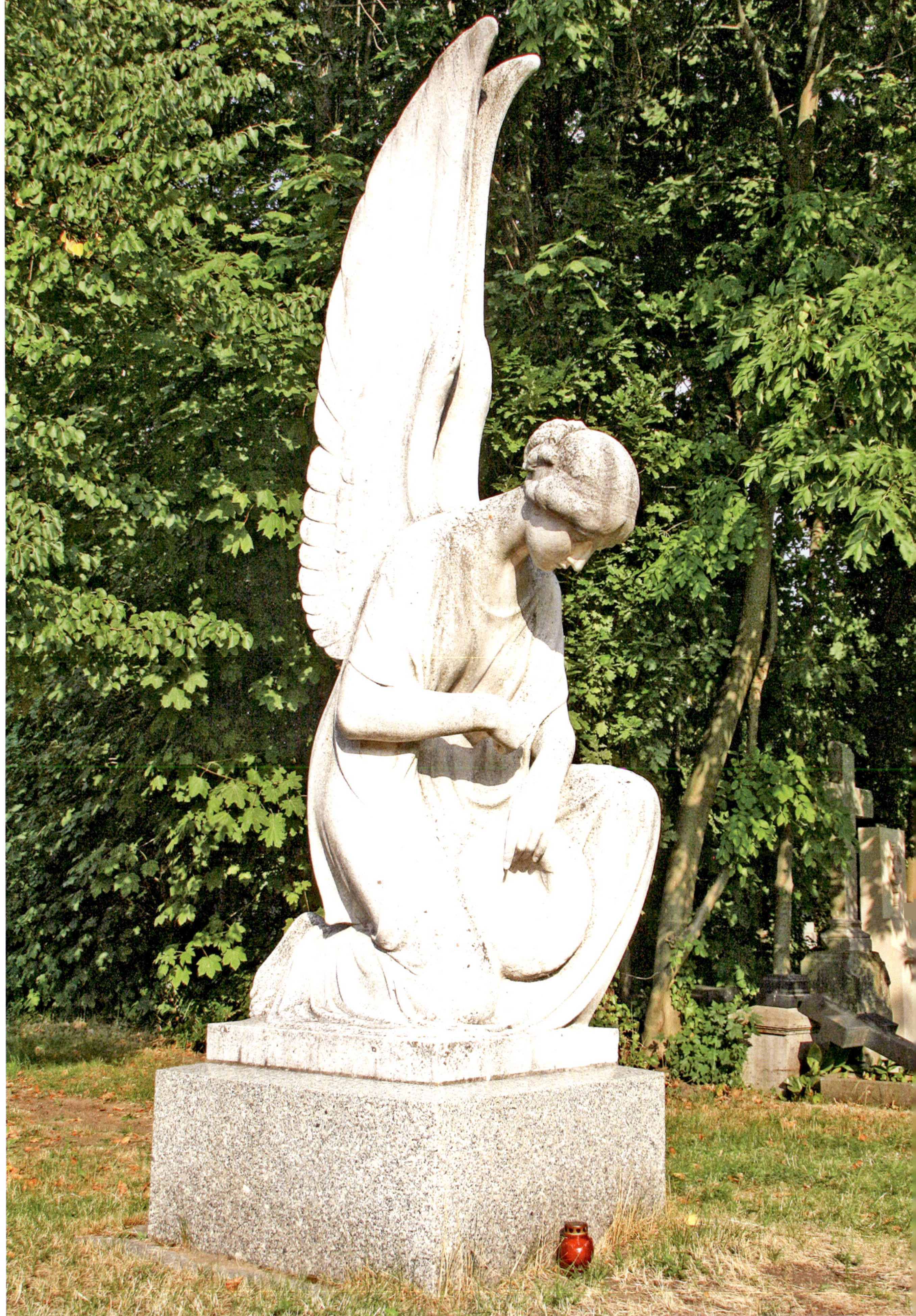

Friedhof Dorotheenstadt: Engel für den Engelschöpfer

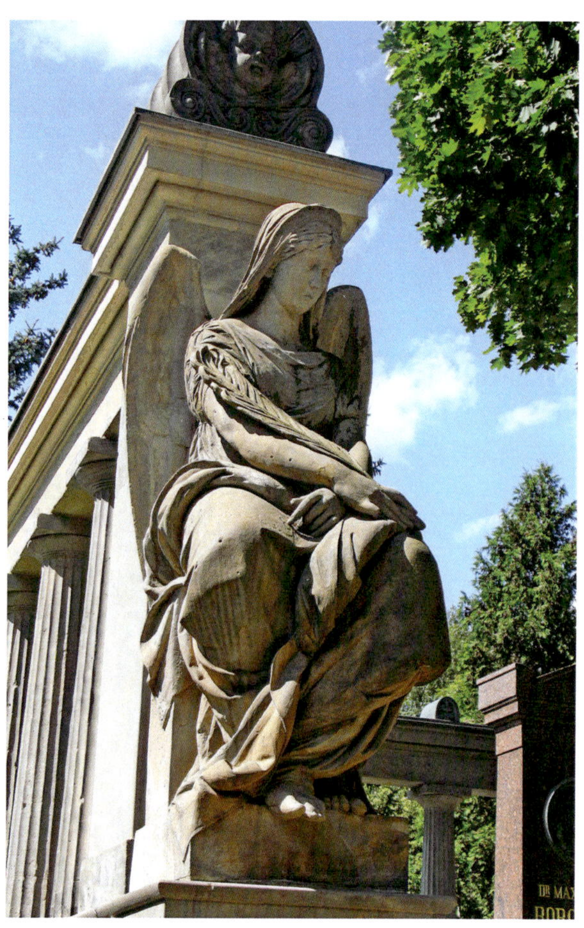

Auf dem Dorotheenstädtischen Friedhof an der Chausseestraße liegen preußische Baumeister wie Karl Friedrich Schinkel, Johann Gottfried Schadow, August Stüler und Christian Daniel Rauch, der die Friedenssäule auf dem Belle-Alliance-Platz geschaffen hat. Der Kupferengel rechts schmückt sein Grab. Links: Das Grab des Bankiers und Justizrats Max Siegfried Borchardt, bewacht von zwei einander ähnelnden Engeln.

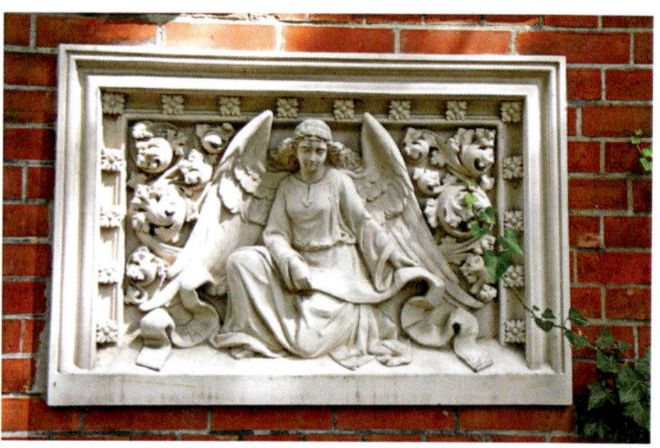

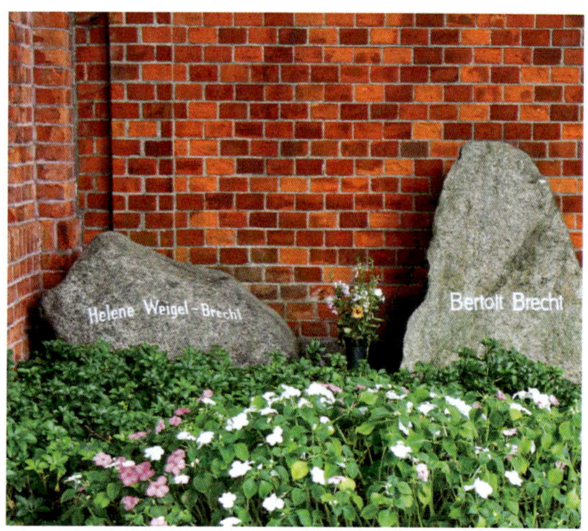

Widerstandskämpfer gegen die Nazis wie Klaus Bonhoeffer, Bruder des Pfarrers Dietrich Bonhoeffer, sind ebenfalls an der Chausseestraße bestattet, desgleichen Philosophen wie Hegel und Schriftsteller wie Anna Seghers, Arnold Zweig, Heinrich Mann, und Christa Wolff. Und auch Bert Brecht und seine Frau Helene Weigel liegen hier (rechts).

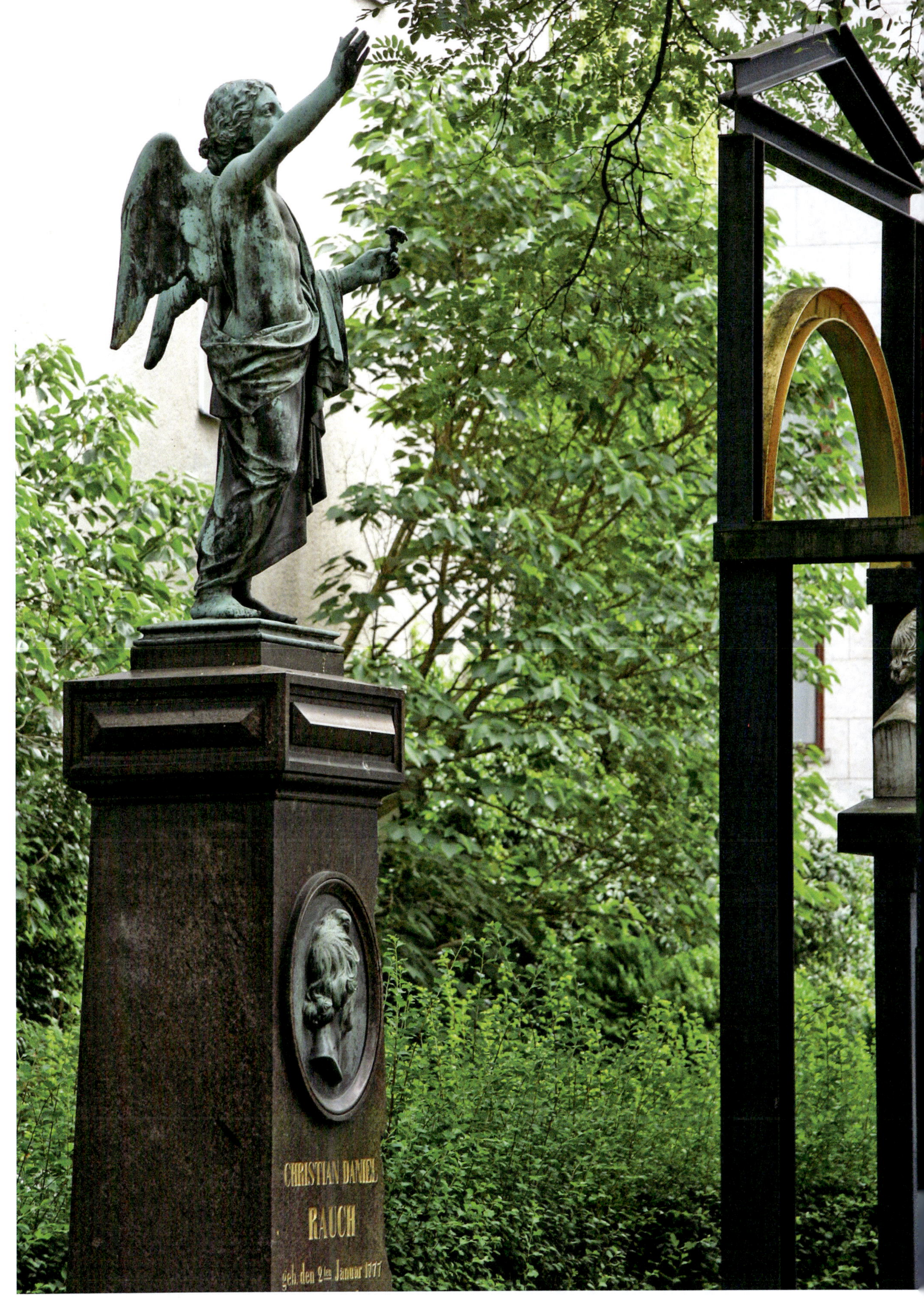
CHRISTIAN DANIEL
RAUCH
geb. den 2ten Januar 1777

Parochialfriedhof: Putten im Kloster

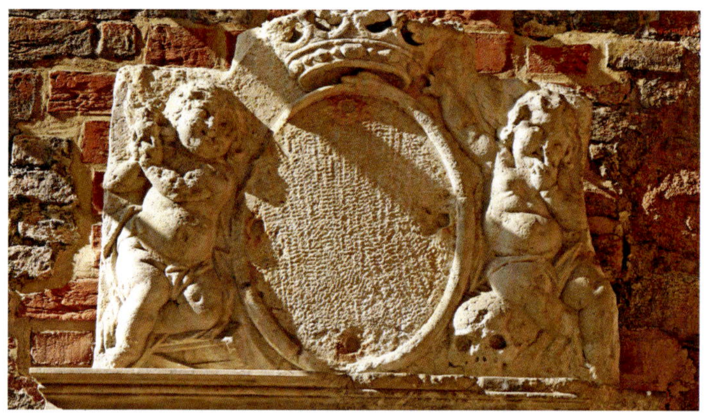

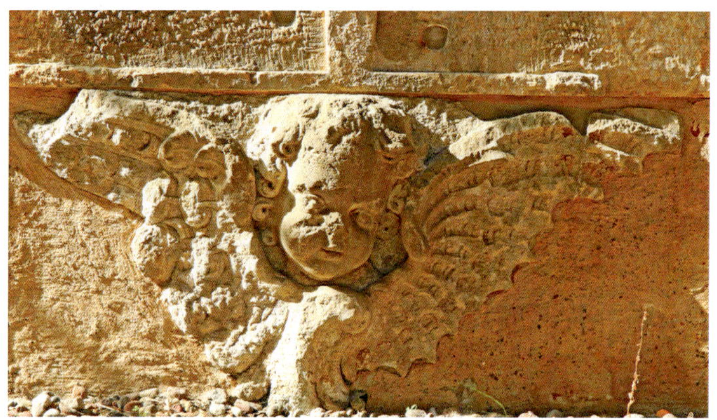

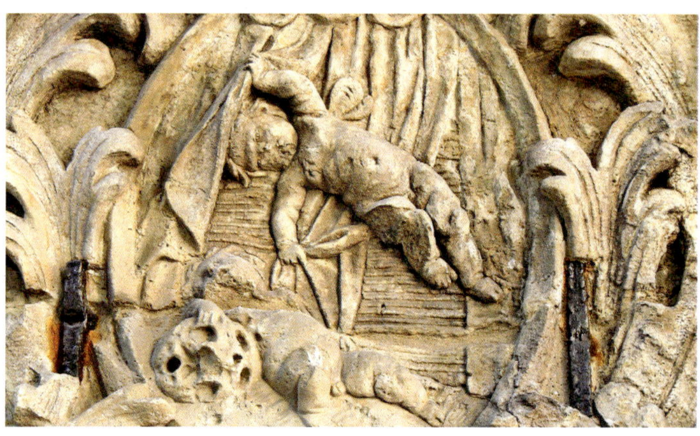

IN MITTE LIEGT der Parochialkirchhof, der 1705 geweiht wurde; einer der ältesten erhaltenen Kirchhöfe in Berlin. Die letzten Toten, Opfer des Zweiten Weltkriegs, wurden hier 1945 bestattet. Die zugehörige Parochialkirche ist an den Resten der 700 Jahre alten Stadtmauer gelegen. Das Schiff der Kirche brannte im Krieg aus, wie auch das Graue Kloster nebenan, ein mittelalterliches Franziskanerkloster, von dem nur die äußeren Mauern blieben, und die Putten in der Ruine.

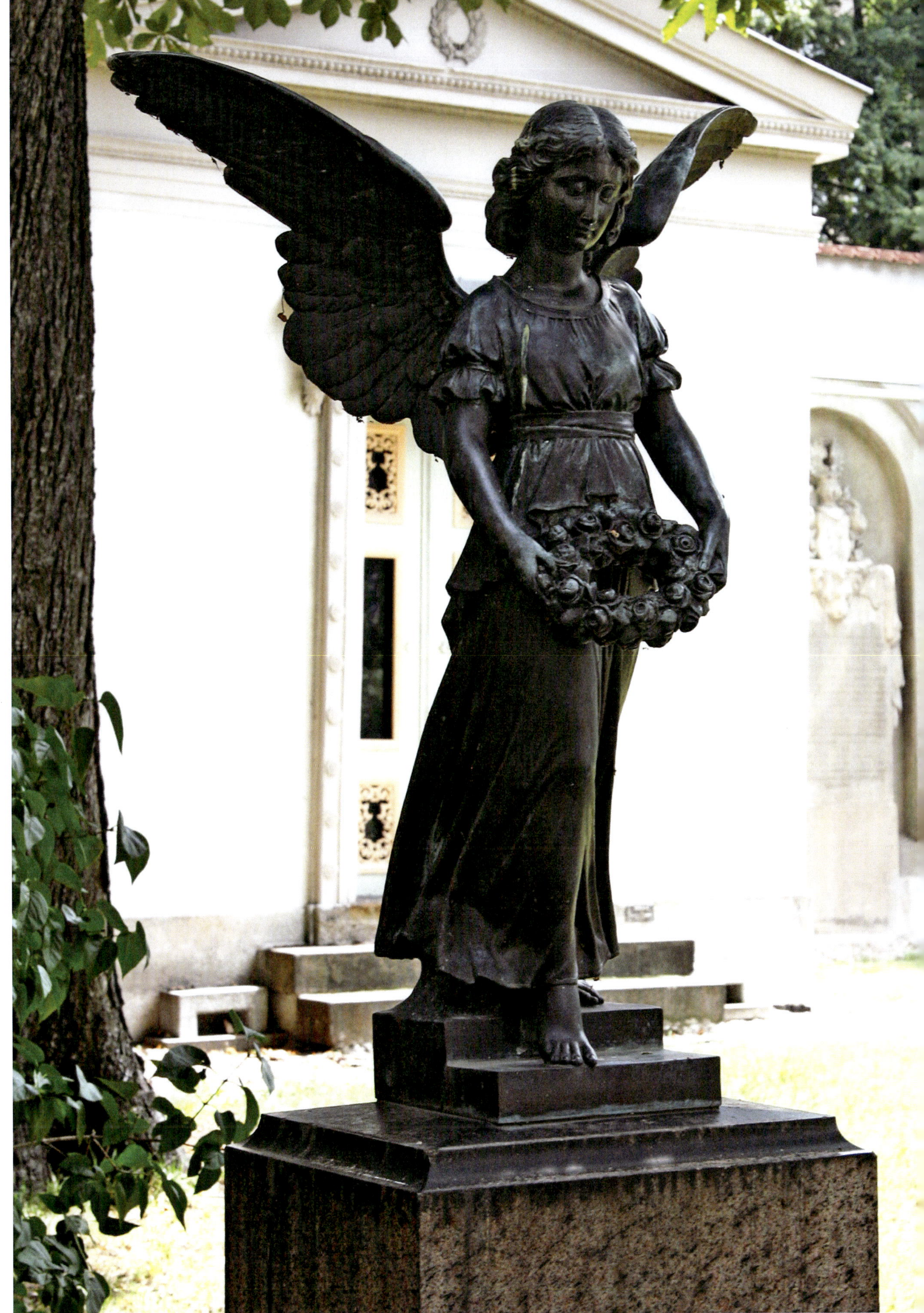

Kreuzberger Friedhöfe, Böhmisches Bethlehem

Die drei Friedhöfe am Kreuzberger Mehringdamm wurden im 18. Jahrhundert angelegt, da damals Bestattungen innerhalb der Stadtmauern verboten waren: Der Jerusalemer Friedhof, der Bethlehemsfriedhof mit der Bethlehemskirche, das Gotteshaus der im 18. Jahrhundert nach Berlin geflüchteten Böhmen, und der Dreifaltigkeitsfriedhof. Er gehörte zu der — im Krieg zerstörten — Dreifaltigkeitskirche in Mitte, wo der Theologe Friedrich Schleiermacher gepredigt hat. Auf dem diesen Friedhof ist das Grab von Carl von Siemens, Bruder des Erfinders Werner von Siemens, mit einem weißen Marmorengel (oben).

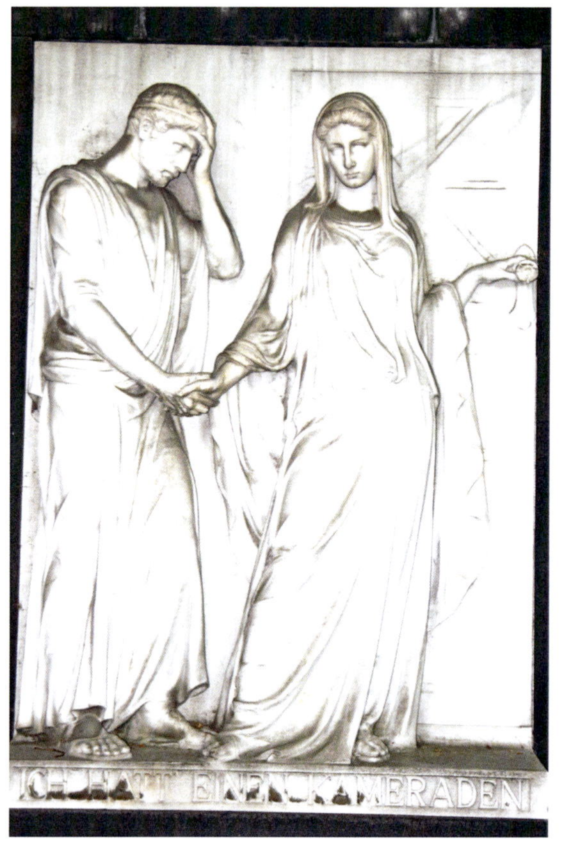

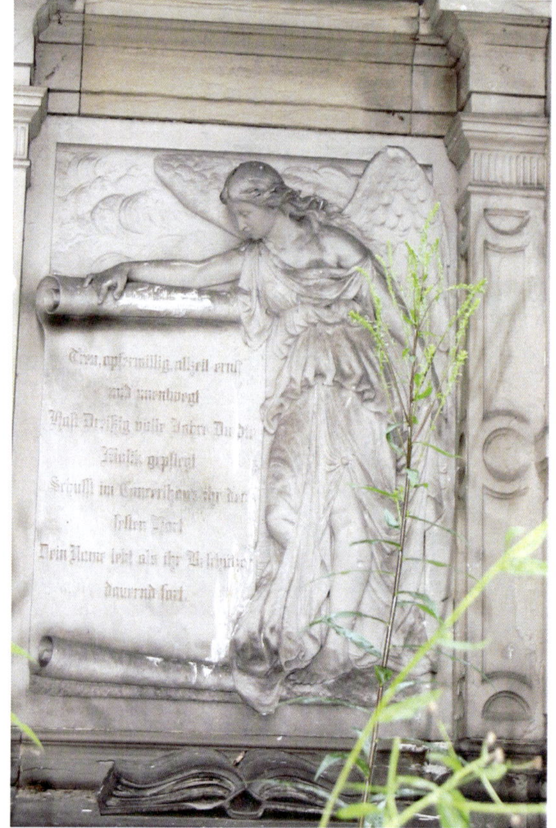

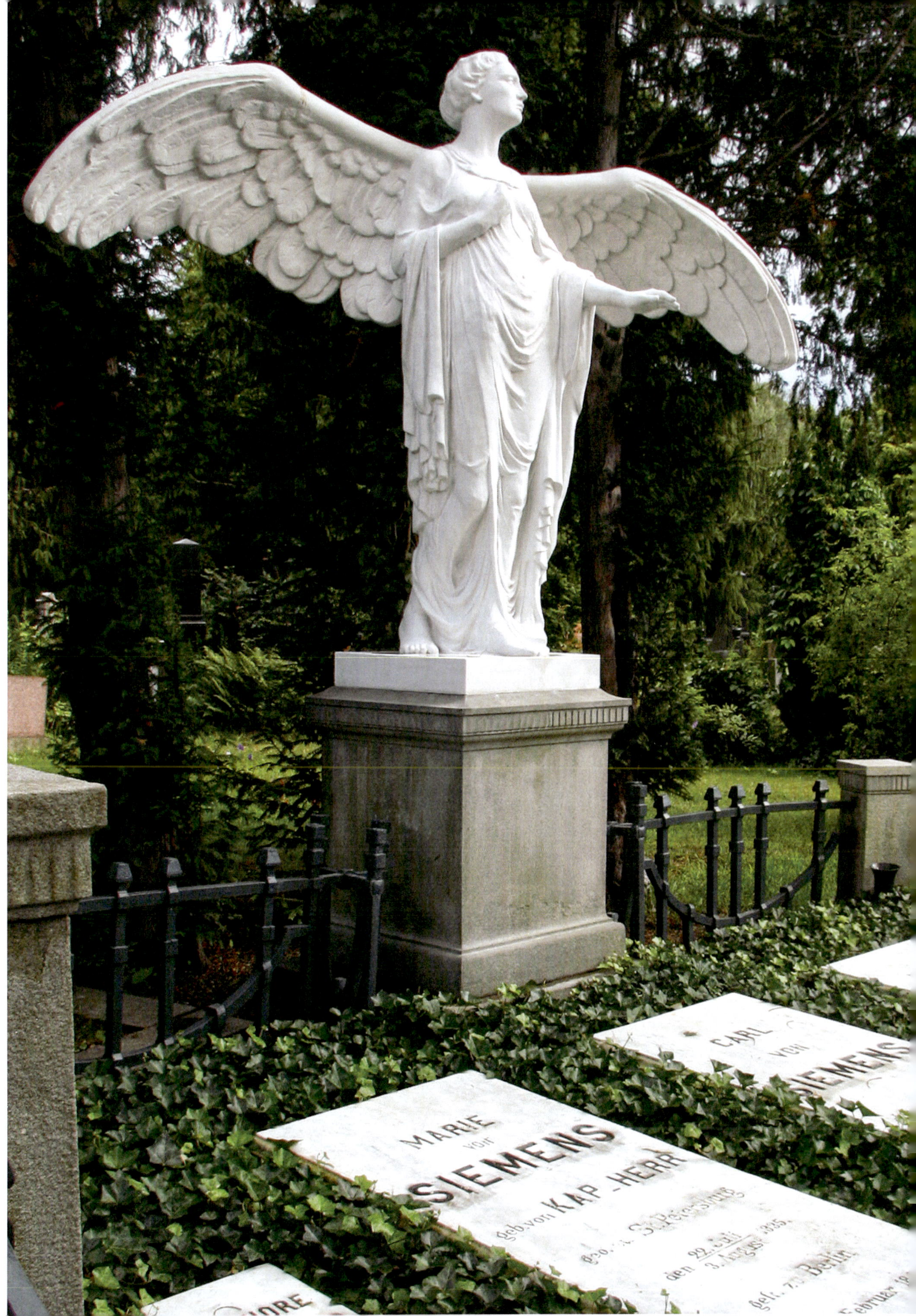
CARL
VON
SIEMENS
MARIE
von
SIEMENS
geb. von KAP-HERR

Luisenstädtischer Friedhof: Ruhestatt des Reichskanzlers

Als die Friedhöfe am Mehringdamm ab 1825 nicht mehr genug Platz boten, wurden vier weitere an der Kreuzberger Bergmannstraße angelegt: Der Dreifaltigkeitsfriedhof II, der Jerusalemer Kirchhof II, der Werdersche Kirchhof und der Luisenstädtische Kirchhof, der größte Berlins. Hier ist Gustav Stresemann bestattet, der sozialdemokratische Reichskanzler der Weimarer Republik.

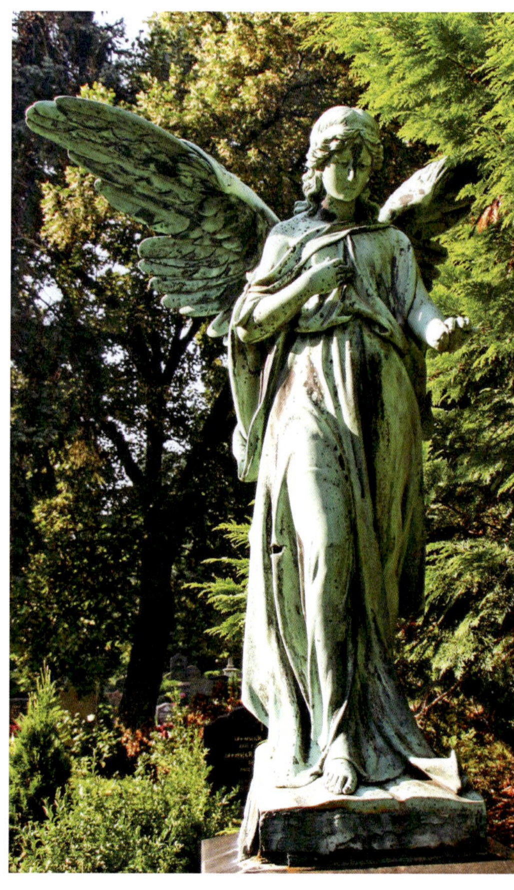

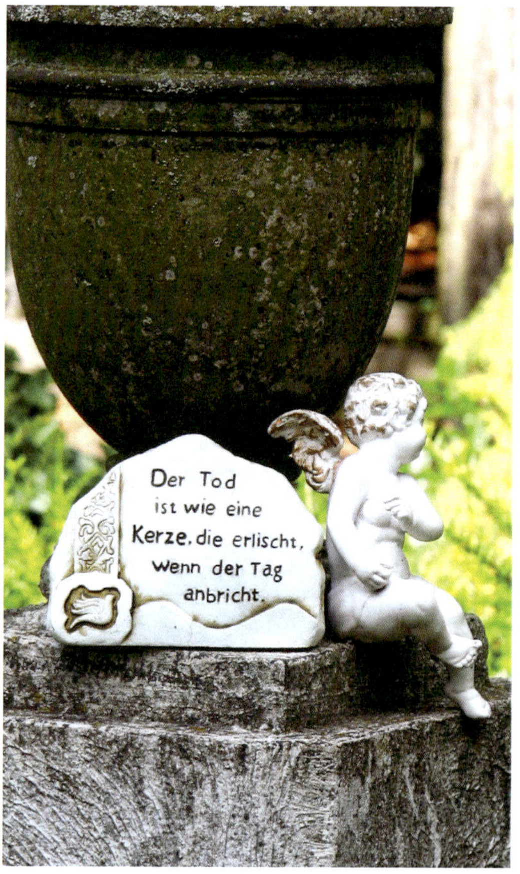

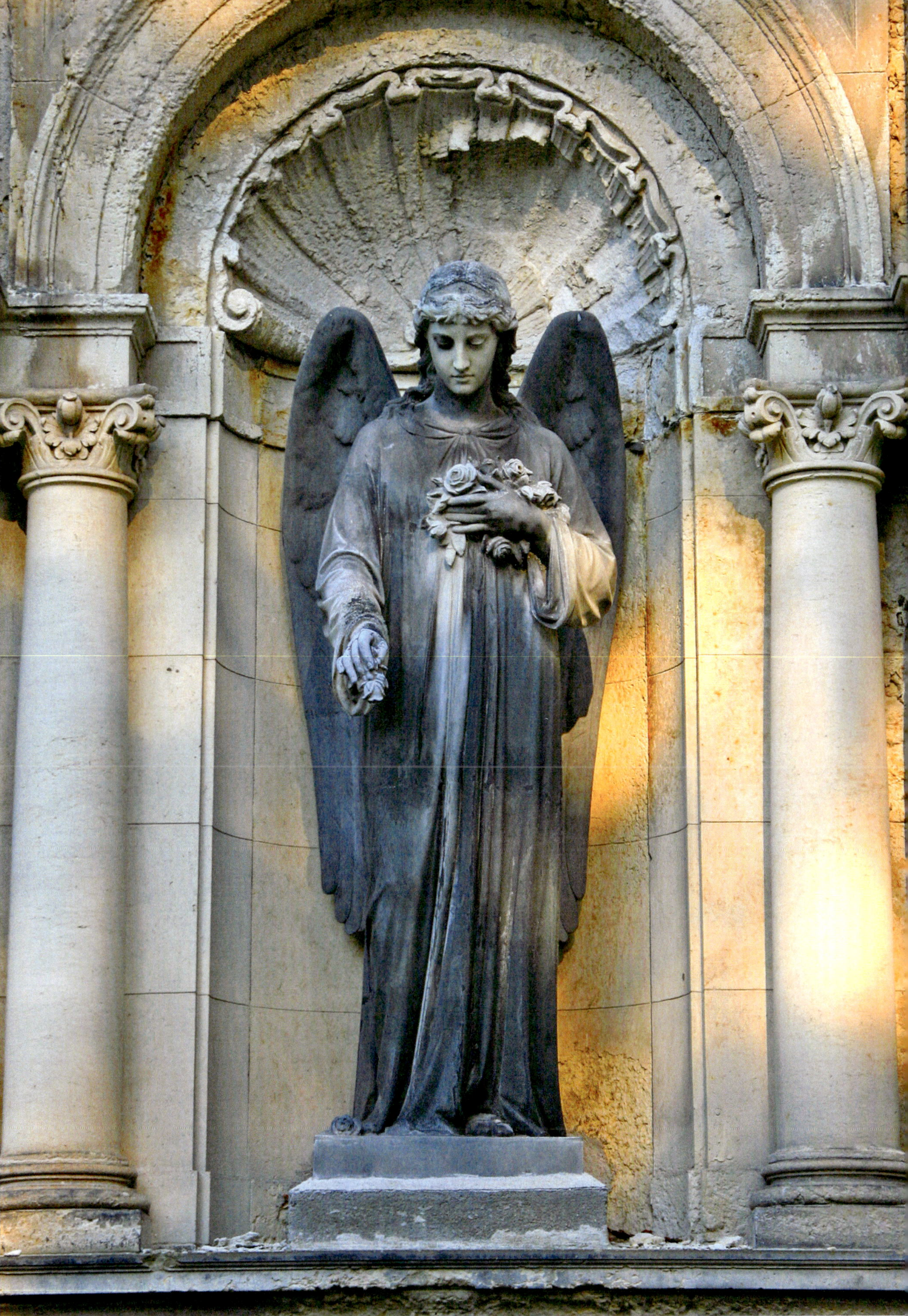

Dreifaltigkeitsfriedhof: Dichter und Komponisten

Viele berühmte Berliner sind auf dem Dreifaltigkeitsfriedhof in Kreuzberg beigesetzt, darunter die Dichter E.T.A. Hoffmann und Adalbert von Chamisso sowie der preußische Baumeister Georg Wenzeslaus von Knobelsdorff. Auch der Komponist Felix Mendelssohn-Bartholdy liegt hier bestattet, neben seiner Schwester Fanny Hensel, die, wie er, komponiert hat, und auch beider Vater, Abraham Mendelssohn-Bartholdy. Aber der schönste Engel bewacht das Grab der Berliner Familie Emil Loh (rechtes Bild).

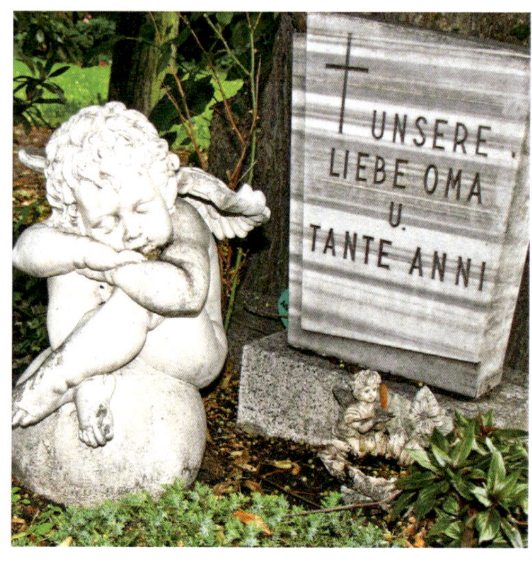

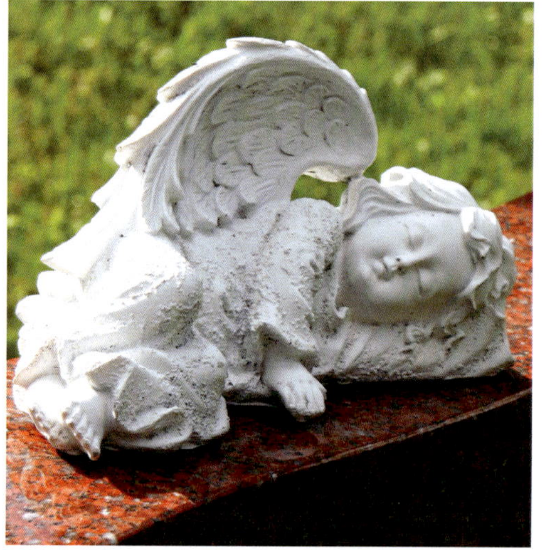

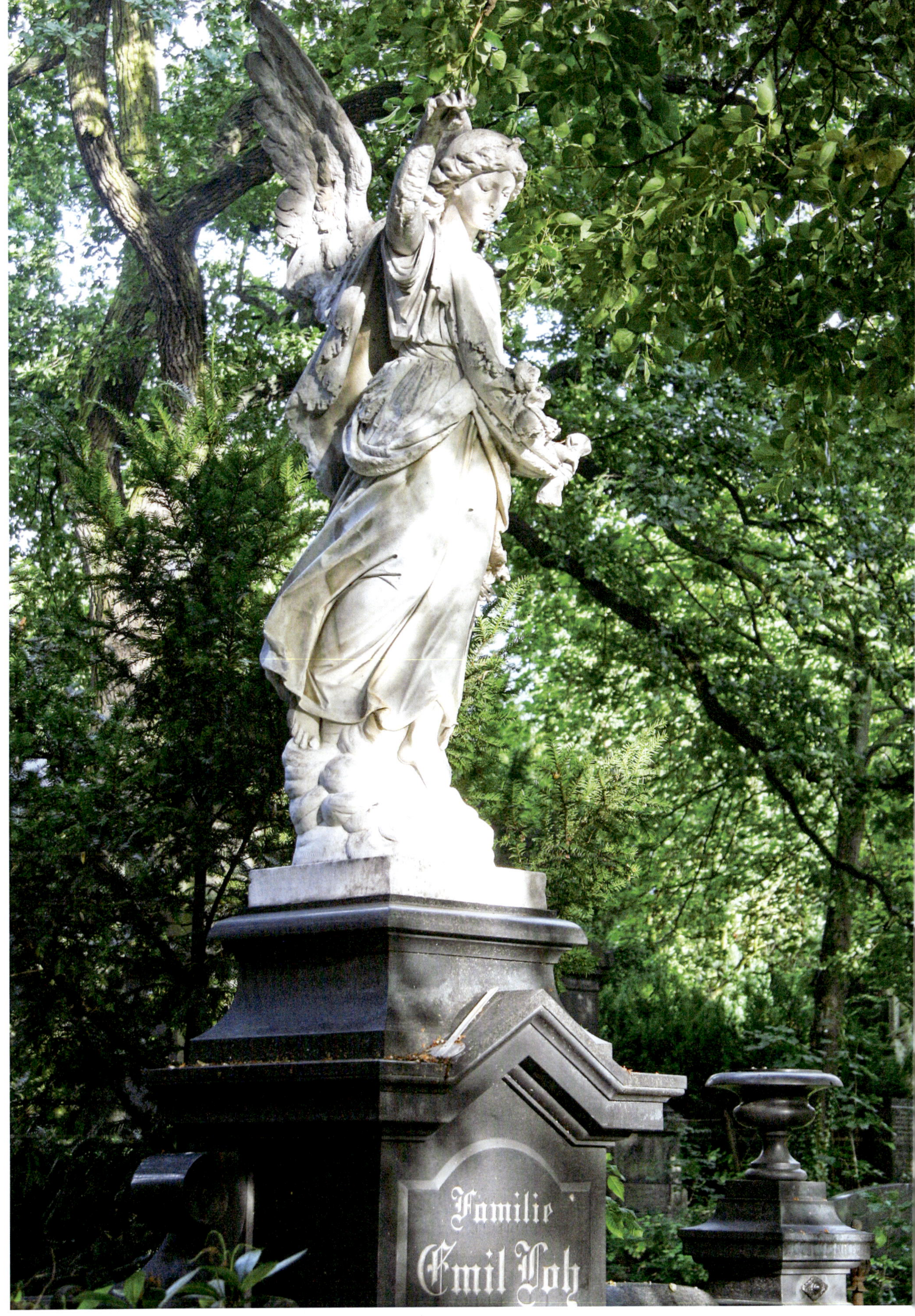
Familie
Emil Loh

Waldfriedhof Zehlendorf: Ein Garten voller Engel

Der Waldfriedhof in Zehlendorf wurde von 1946 bis 1954 angelegt, am Rande eines Waldes im gleichnamigen Berliner Vorort. Viele Berühmtheiten sind hier bestattet. Darunter sind der avantgardistische Theaterregisseur Erwin Piscator, der Architekt Hans Scharoun, der die Staatsbibliothek an der Potsdamer Straße entwarf, Hermann Henselmann, auf dessen Ideen der Fernsehturm zurückgeht und Ernst Reuter, Berlins berühmter Nachkriegsbürgermeister. 1948, als die Blockade begann, stand Reuter vor dem ausgebombten Reichstag, vor 300 000 Berlinern, und rief:“ Ihr Völker der Welt, schaut auf diese Stadt!“ Auch Willy Brandt hat seine letzte Ruhe auf dem Waldfriedhof gefunden, der Kanzler, der die Aussöhnung mit Polen begann und der die Ostverträge unterzeichnete.

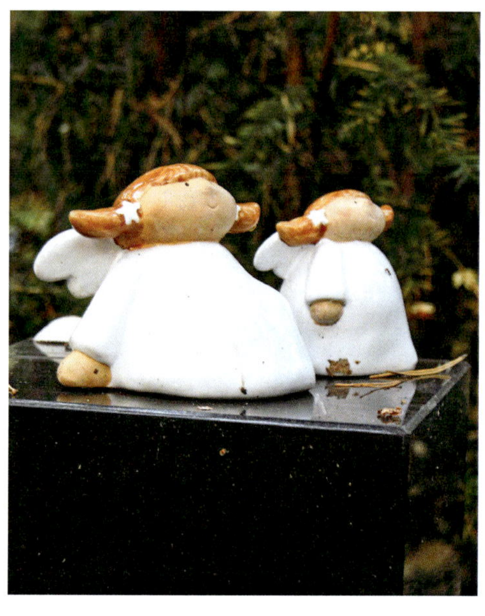

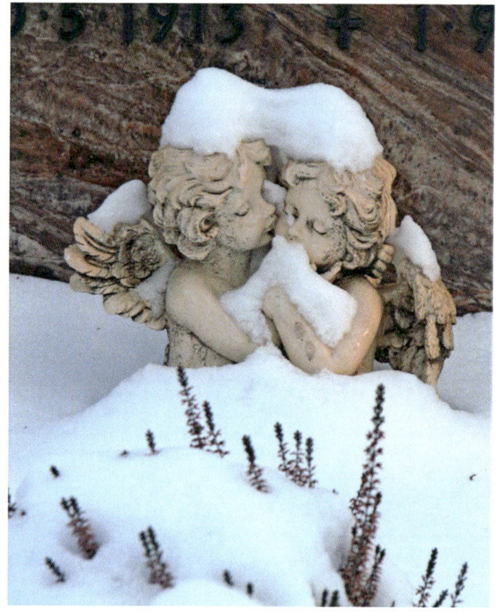

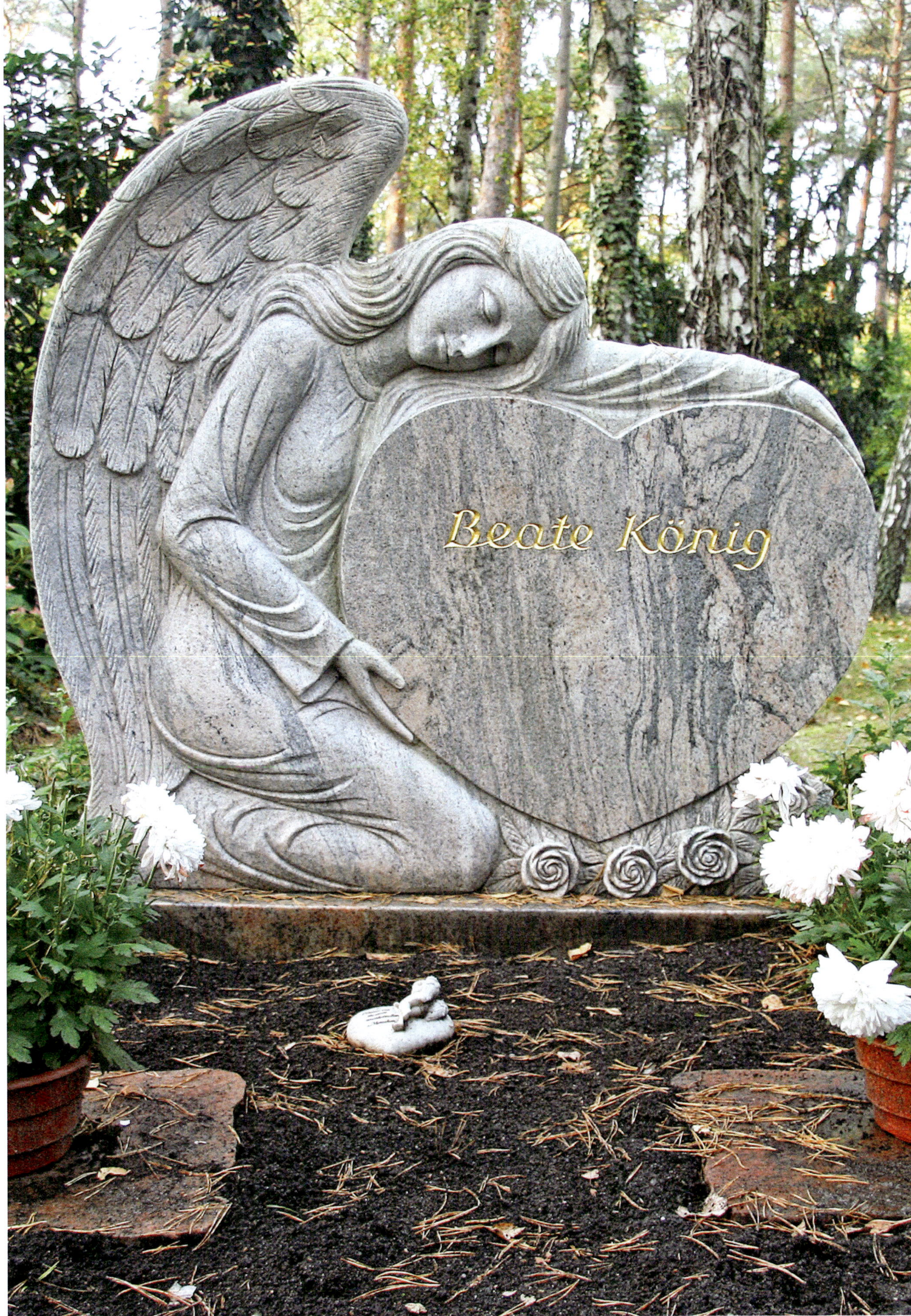
Beate König

Der Star, der kein Engel war

„**Gott weiss,** ich will kein Engel sein, sie leben hinterm Sonnenschein, getrennt von uns, unendlich weit. Sie müssen sich an Sterne krallen, damit sie nicht vom Himmel fallen", sang Hildegard Knef. Und die Sängerin war auch kein Engel: Dreimal verheiratet, geliebt von vielen, vor allem in Berlin, wo sie 1946 in der Ruine des Schlossparktheaters auftrat. Kurz darauf verursachte sie einen Skandal, als sie im Film die Hüllen fallen ließ. 1950 ging sie nach Hollywood und zum Broadway. Aber bestattet wurde sie 2002 in der Stadt, die ihre Heimat blieb, auf dem Waldfriedhof in Zehlendorf. Der Engel neben Hilde auf der rechten Seite bewacht den Filmemacher Ulrich Schamoni.

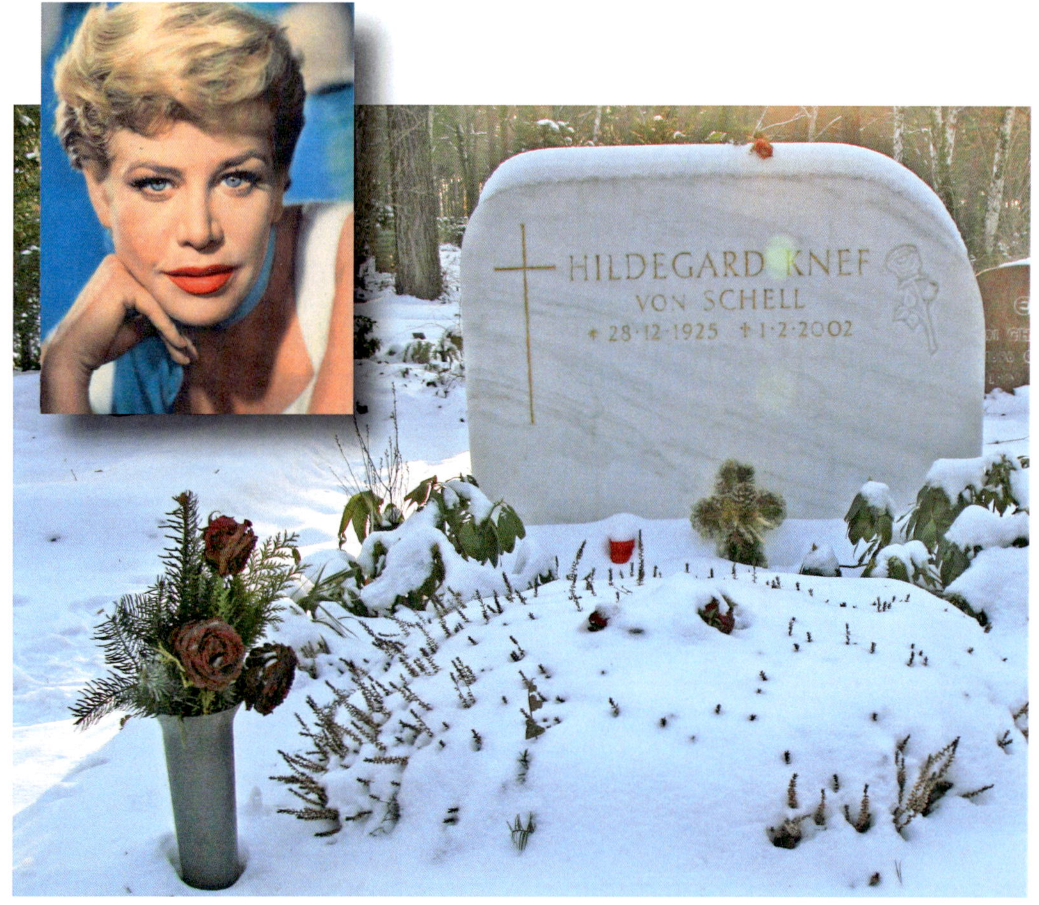

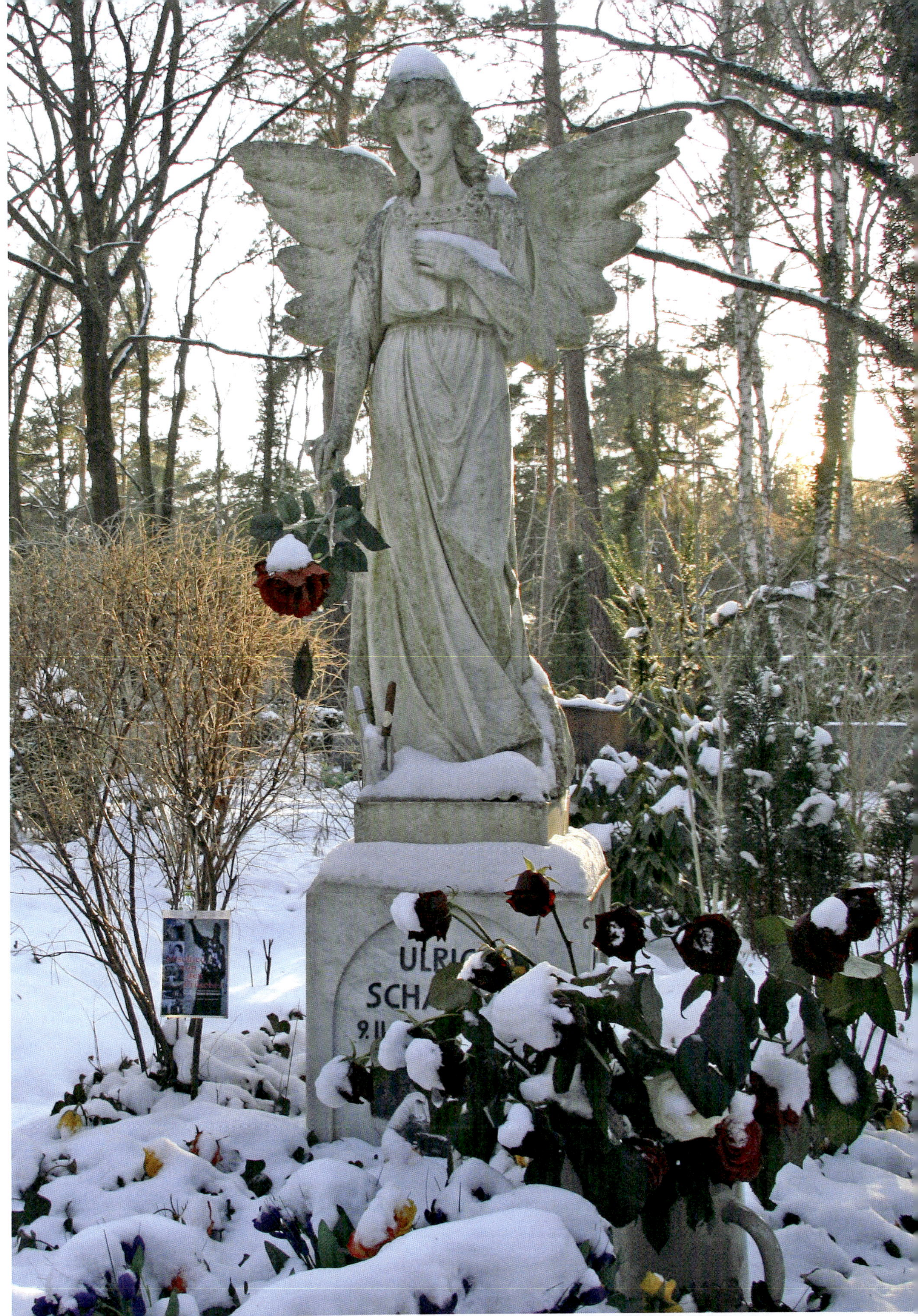

Stadtengel

Kreuzberger Tage sind lang

Berlin ist eine Stadt mit dreieinhalb Millionen Einwohnern, in der sich vielen Kieze finden, mehr als 775 Jahre alt. Über ihre königlichen Bauten wachen die geflügelten Himmelsboten ebenso wie über ihre Bürgerhäuser, Restaurants und Imbissbuden. Manche dieser Engel sind nur auf den zweiten Blick zu erkennen, andere werden an Schutzsuchende verkauft, in Geschäften und auf Flohmärkten. Die Bildhauer und Architekten haben die Engel mal fröhlich, mal traurig dargestellt, also genauso wie das Leben in den Mauern der Hauser abläuft, bis die Uhr des Lebens eines Tages abgelaufen ist. Dieser Engel hier feiert ein Stückchen Italien in Kreuzberg; Einst ein Eisladen an der Bergmannstraße, heute ist eine Pizzeria daraus geworden. Beim Chianti aus der Toscana und Pasta Bombardoni Napoletana schauen die Engel zu, wie der Gast Hunger und Durst stillt.

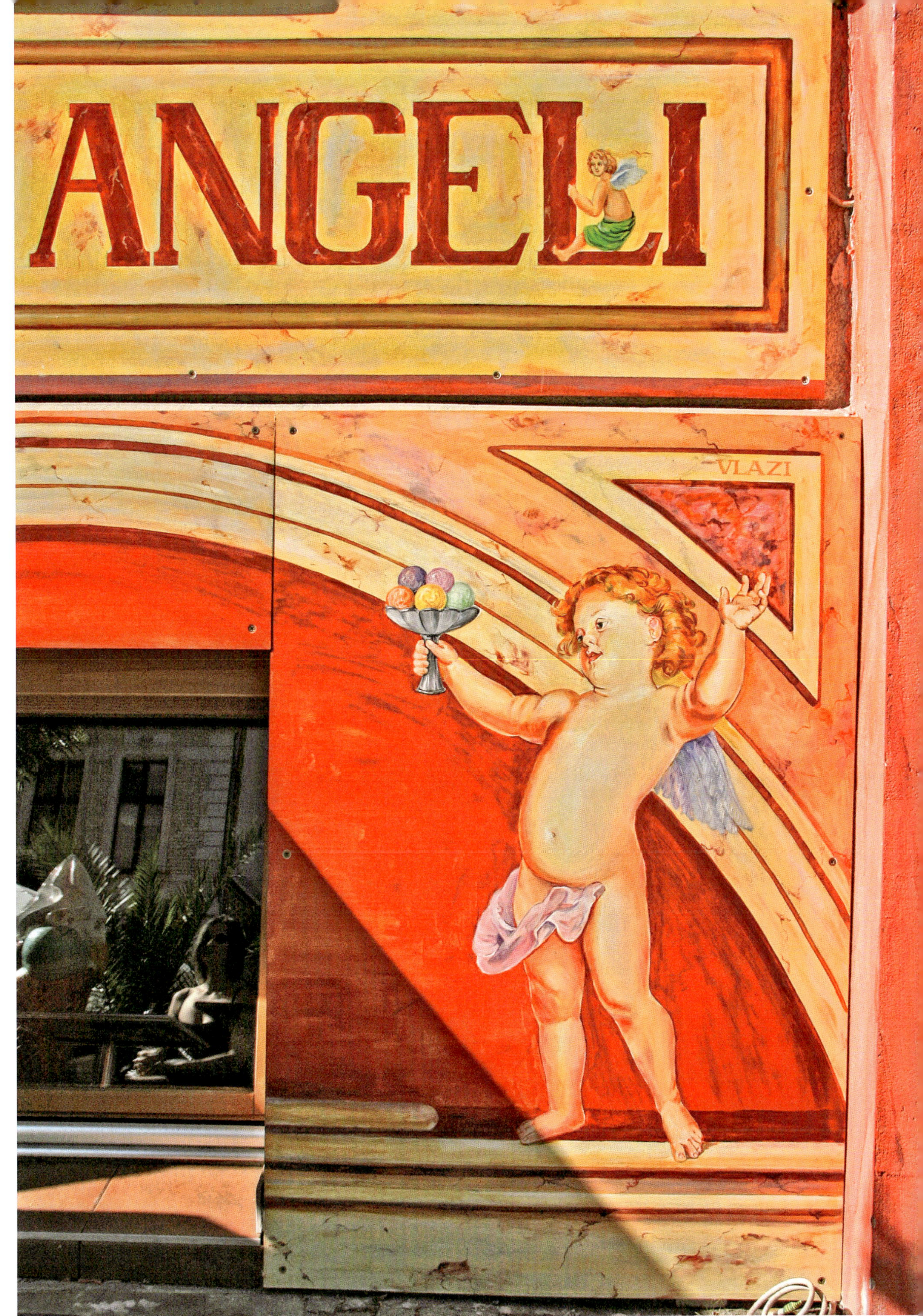
ANGELI
VLAZI

Pizza-Engel: Das Parlament der Besten

Auch die Trattoria und Pizzeria Parlamento degli Angeli in der Bergmannstraße schmückt sich mit Engeln, Überall flattern sie herum, lächeln aus dem Schaufenster, fliegen über Dekken und Wände, halten die Lampen, schmücken die Uhren. Der Name des Lokals will sagen, dass sich hier nur die allerbesten Engel treffen, meint der Besitzer Francesco Totti. Eben ein Parlament von Engeln. Mögen alle Parlamentarier Engel sein oder wenigstens werden wollen. Wir aber sagen: Buon appetito!

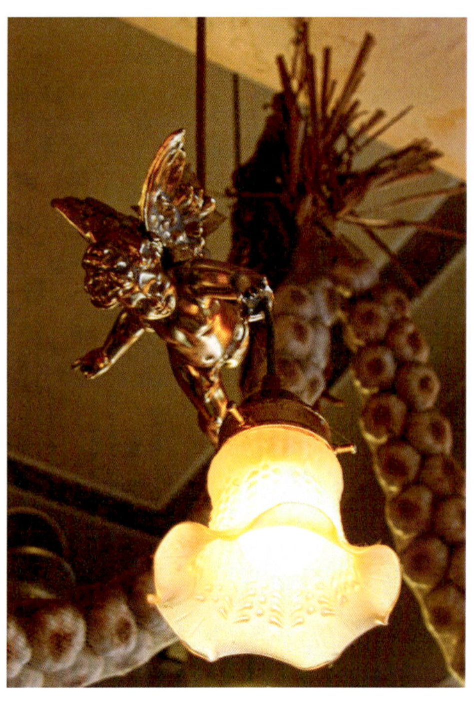

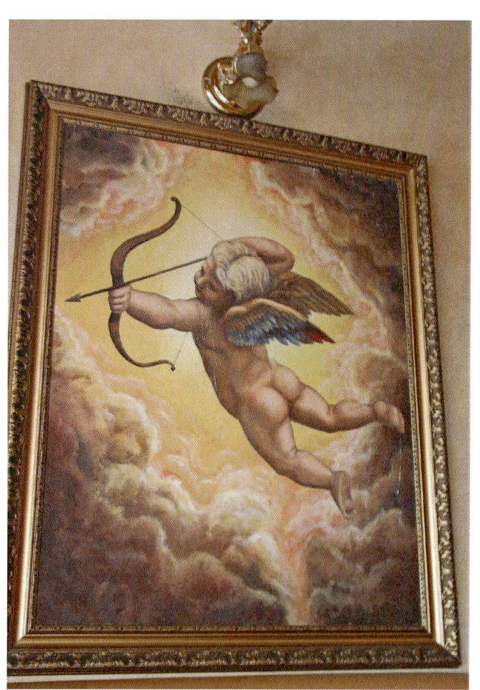

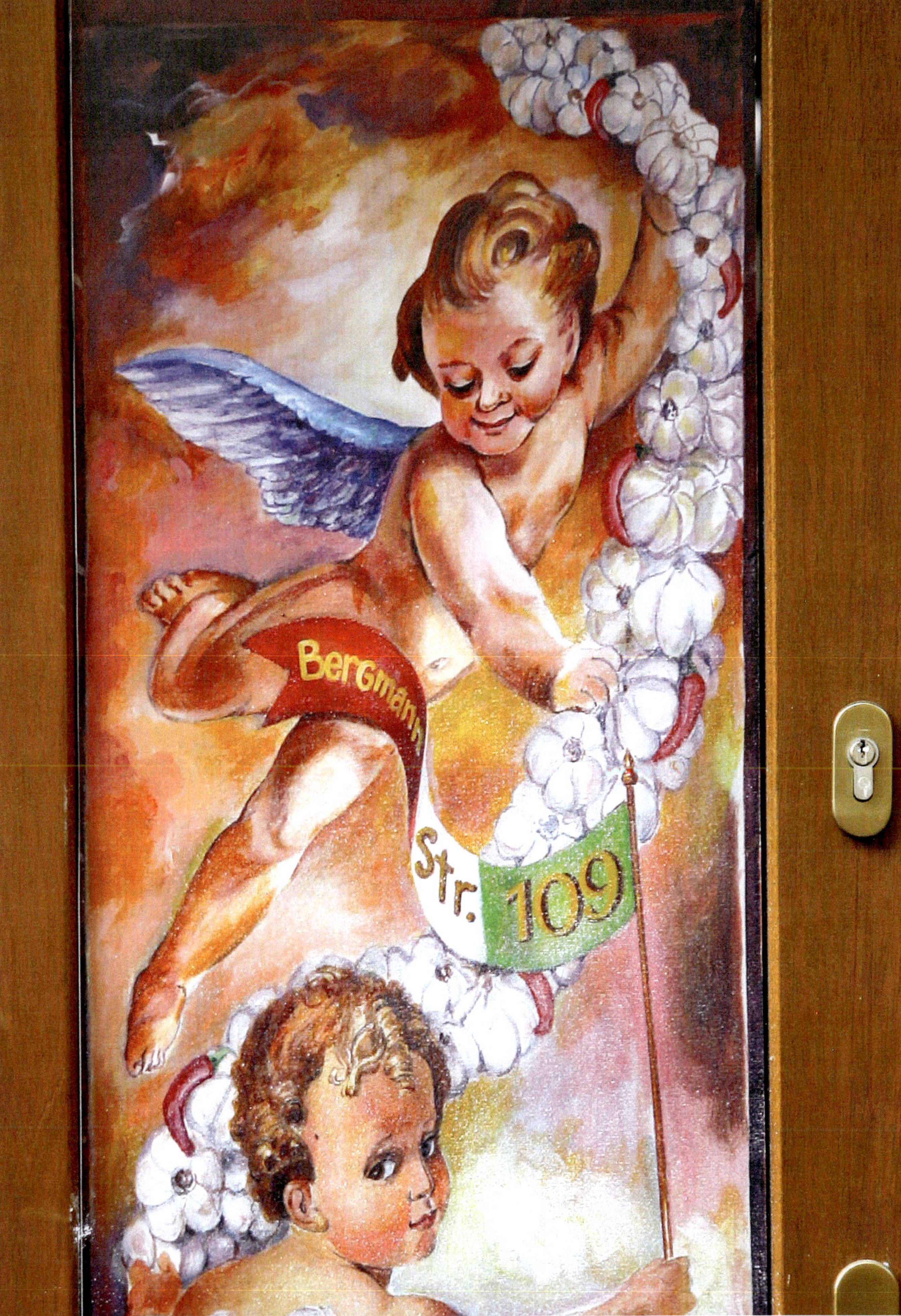
Bergmann
Str. 109

Elfenengel — Beschützer des Nikolaiviertels

Im Nikolaiviertel hat sich ein „Engelhaus" niedergelassen, das alles verkauft, was mit den geflügelten Wesen zu tun hat. Fotos, Plastiken, ein fliegendes Pferd — Pegasus also —, Porzellanengel, geflügelte Herzen, Engel mit und ohne Unterleib in Gold, Silber und aus Marmor, Holzengel, geschnitzt und verkitscht. „Manche Engel sind eigentlich Elfen", sagt Judith Benkhellhof, die Chefin von Berlins einzigem Engelladen, „man erkennt das an den Flügeln". Das Nikolaiviertel urn die älteste Kirche der Stadt ist ein Stückchen wiedererschaffene Vergangenheit. Nachdem die Altstadt von Bomben zerstört worden war, wurde es zur 750-Jahrfeier im Jahr 1987 neu erbaut, mit vielen kleinen Geschäften und Restaurants. Heute tummeln sich hier Millionen von Touristen — und ein Feenengel ist das ideale Souvenir.

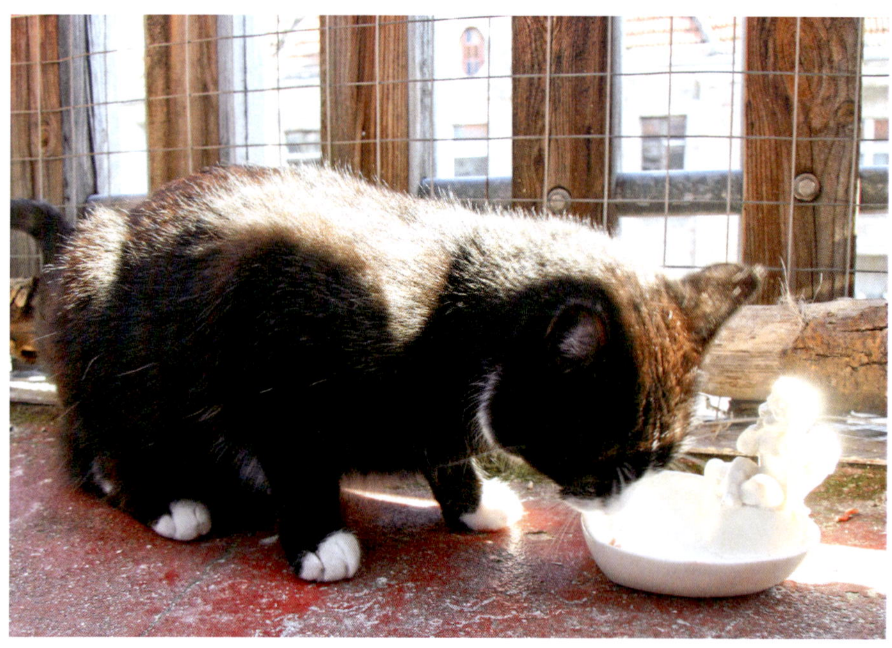

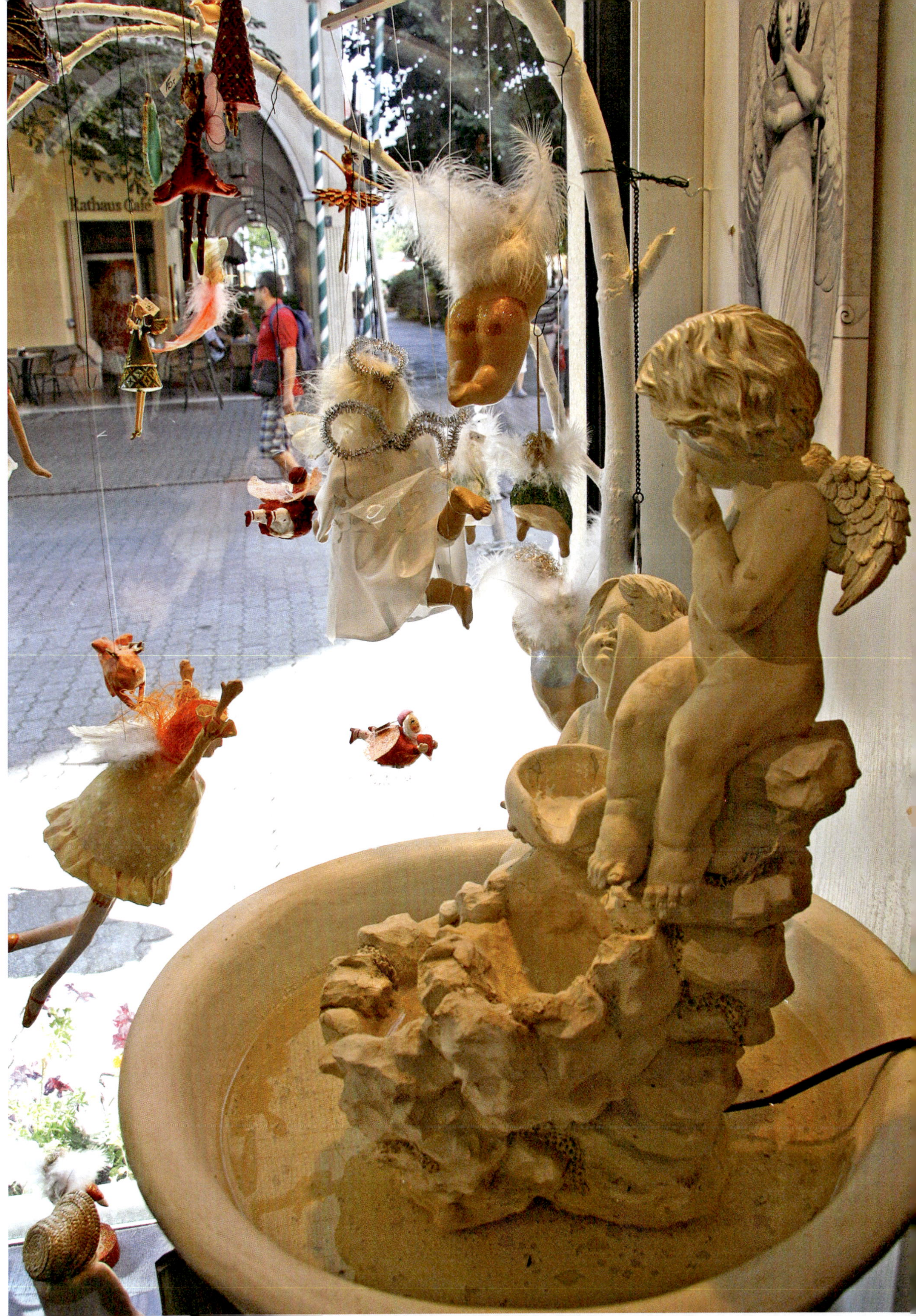
Rathaus Café

Verführung der Theaterengel

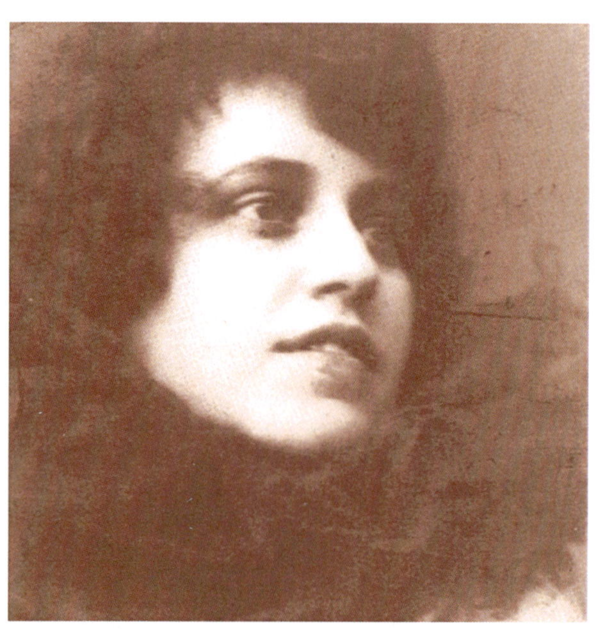

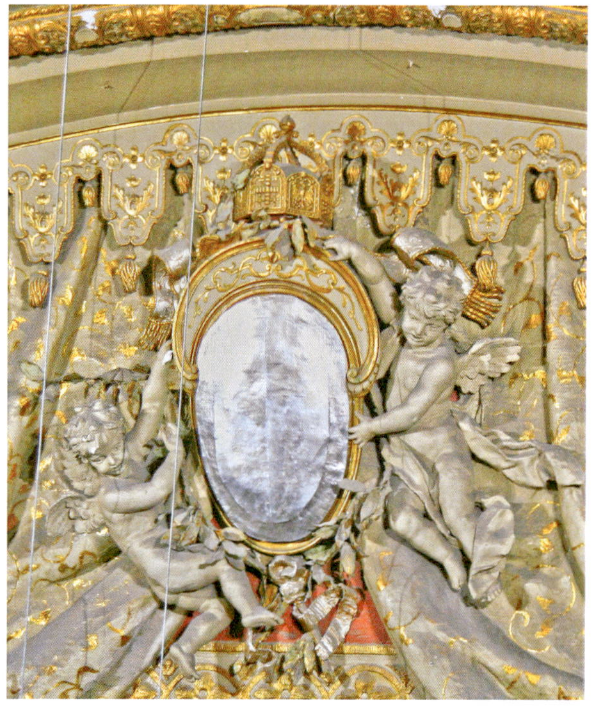

Über die "Verführung von Engeln" schrieb Bert Brecht: „Engel verführt man gar nicht oder schnell." Als der Dramatiker nach dem Krieg aus den USA zurückkehrte, zog er mit seinem Berliner Ensemble, darunter seine Frau Helene Weigel, die *Mutter Courage*, ins Theater am Schiffbauerdamm. Dort hatte 1928 die *Dreigroschenoper* von Brecht und Kurt Weill ihren Siegeszug zu den Bühnen der Welt angetreten, nun wurde das Haus zur Pilgerstätte für „Brechtianer". Ernst Westphal entwarf die neobarocke Innenarchitektur, samt dieser Glück bringenden Theaterengel im Bühnensaal. Oben: Lotte Lenya, Kurt Weills persönlicher Engel.

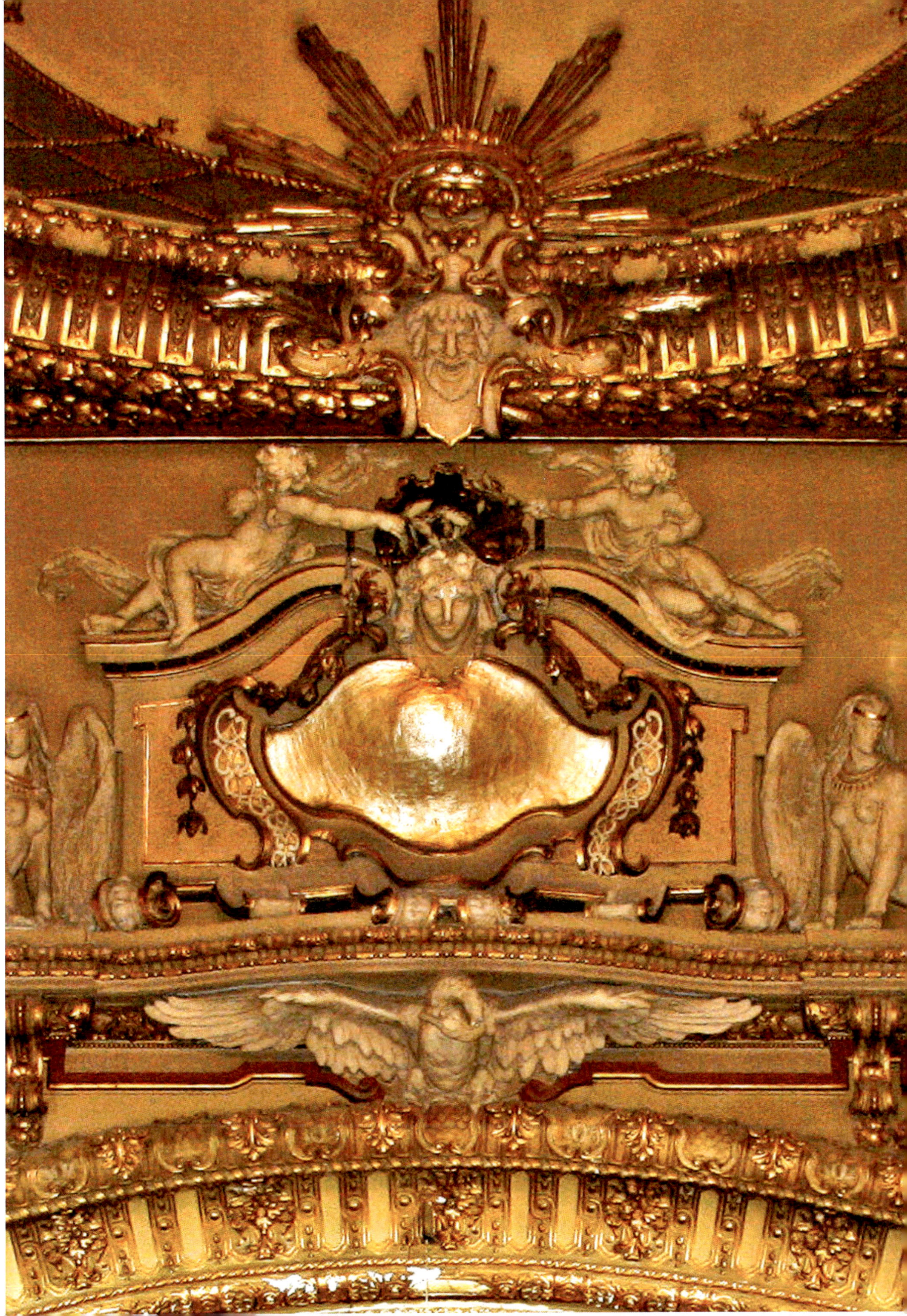

Haus- und Hofengel

Je prächtiger die Berliner Häuser, desto schöner die Engel: Der Jugendstilengel rechts ziert eine Villa im bürgerlichen West-Berliner Stadtteil Friedenau. Die Engelfresken unten bewachen die Vertretung der Hansestadt Hamburg in der Jägerstraße, Ecke Mauerstraße. Erbaut wurde das Haus 1892 für den Club von Berlin, einen exklusiven Herrenclub, zu dessen Mitgliedern Politiker wie Gustav Stresemann und Hjalmar Schacht, und Künstler wie Richard Strauss und Walter Gropius zählten.

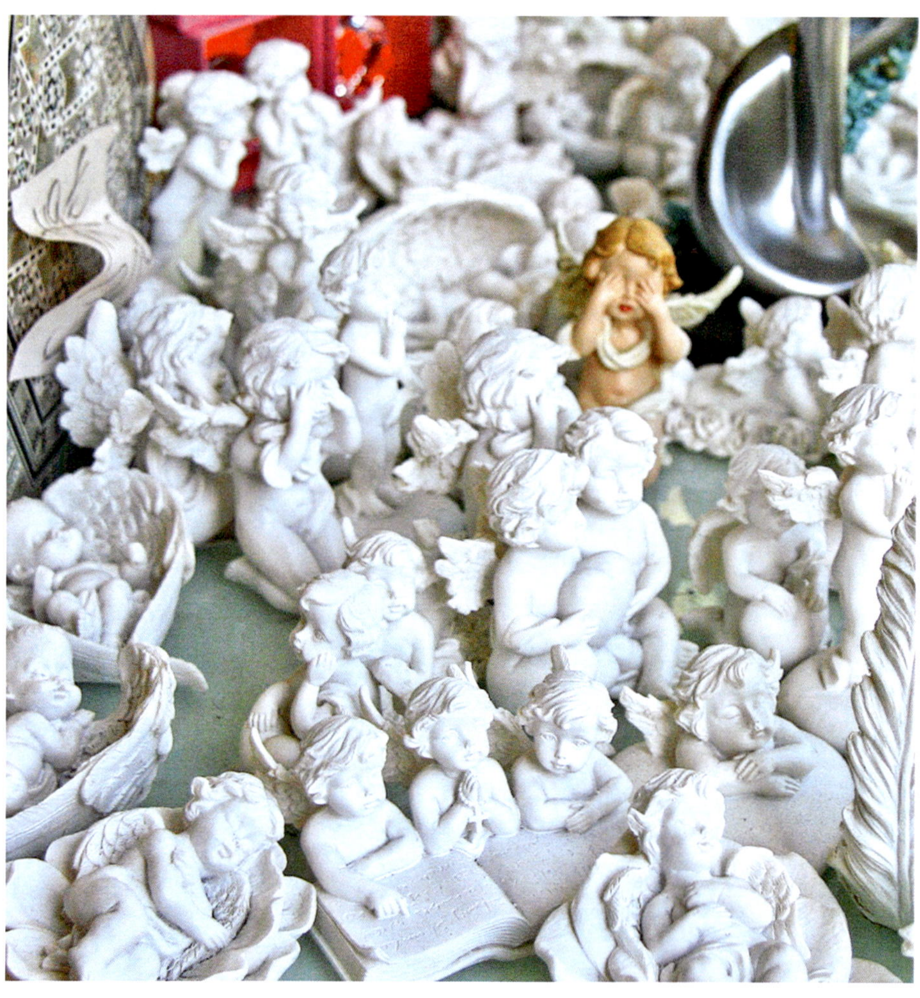

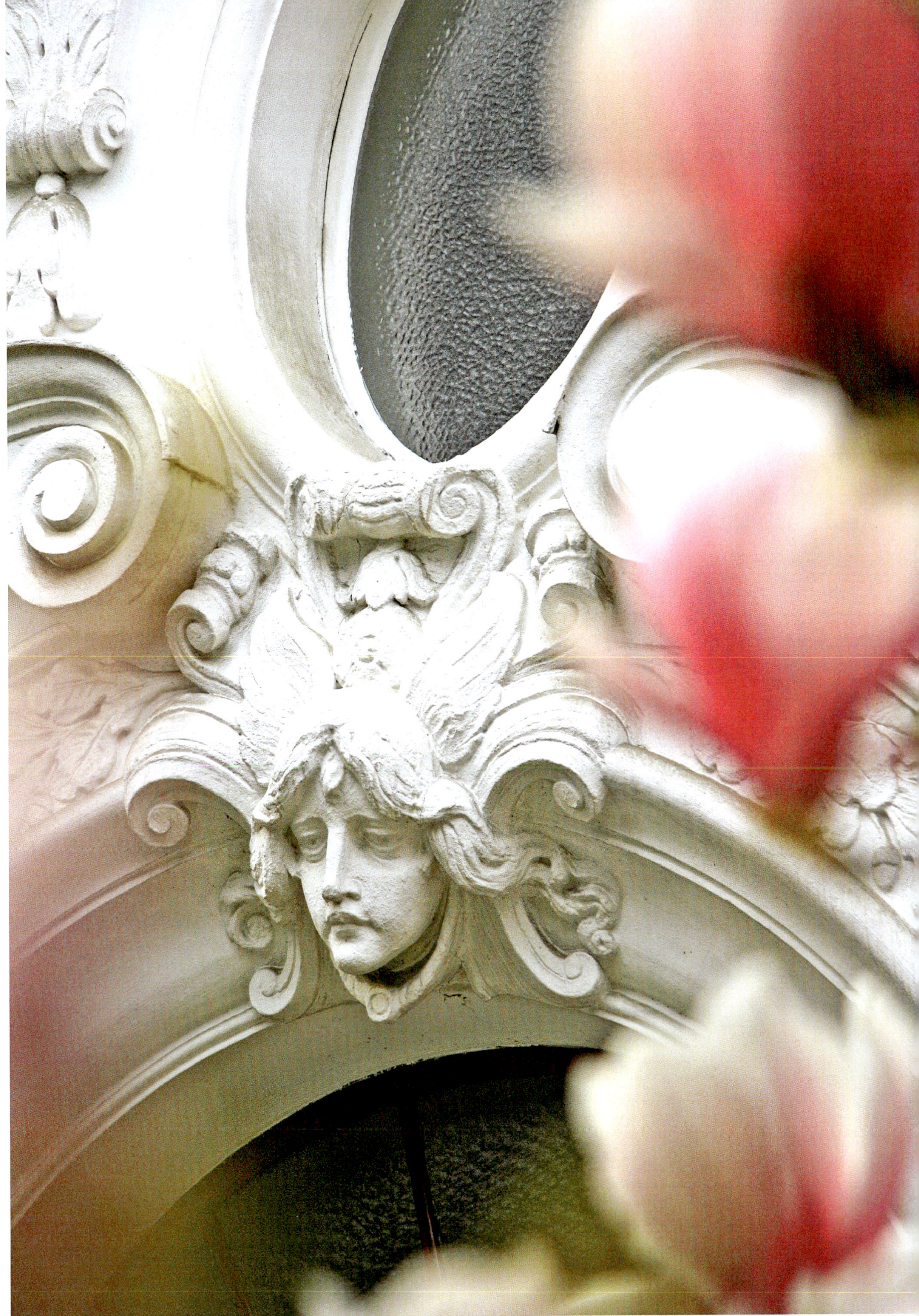

Flohmarktengel, Trödelfiguren

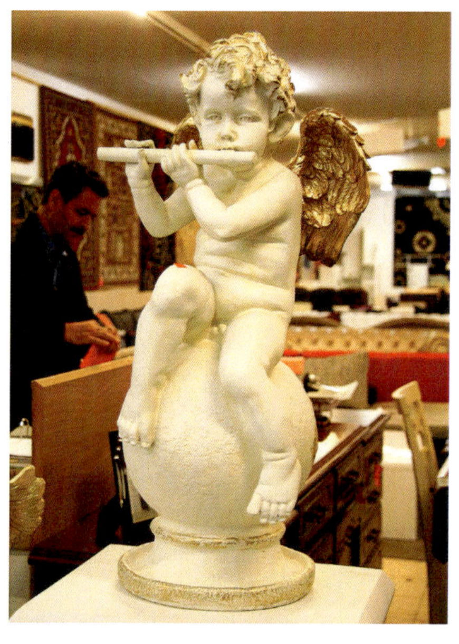

Im Fenster des Friseursalons Milan in der Charlottenburger Clausewitzstraße. Wer zum Friseur geht, lässt sich schöner machen. Und meistens nicht nur für sich, sondern für jemanden, den sie gern hat. Denn Schönheit und Liebe passen zusammen, wie die Engel und ihr gelocktes Haar. Wie sagte schon der Dichter Heinrich Heine: „Die Engel, die nennen es Himmelsfreud. Die Teufel nennen es Höllenleid. Und die Menschen, die nennen es Liebe!" Engel aller Art finden sich auf Berliner Flohmärkten und Antikläden, so wie diese hier unten und auf der vorherigen Seite.

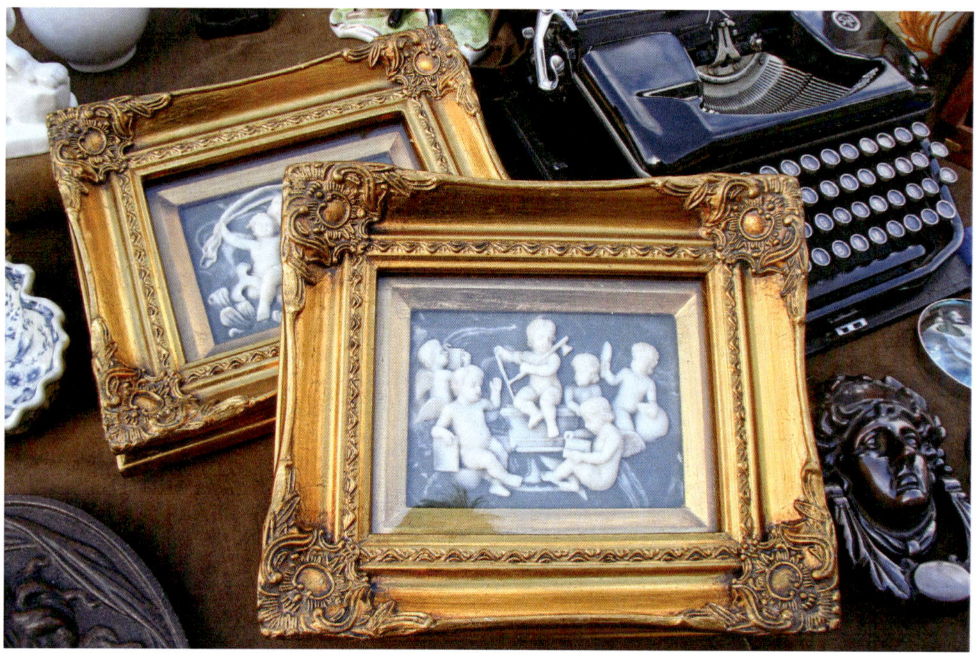

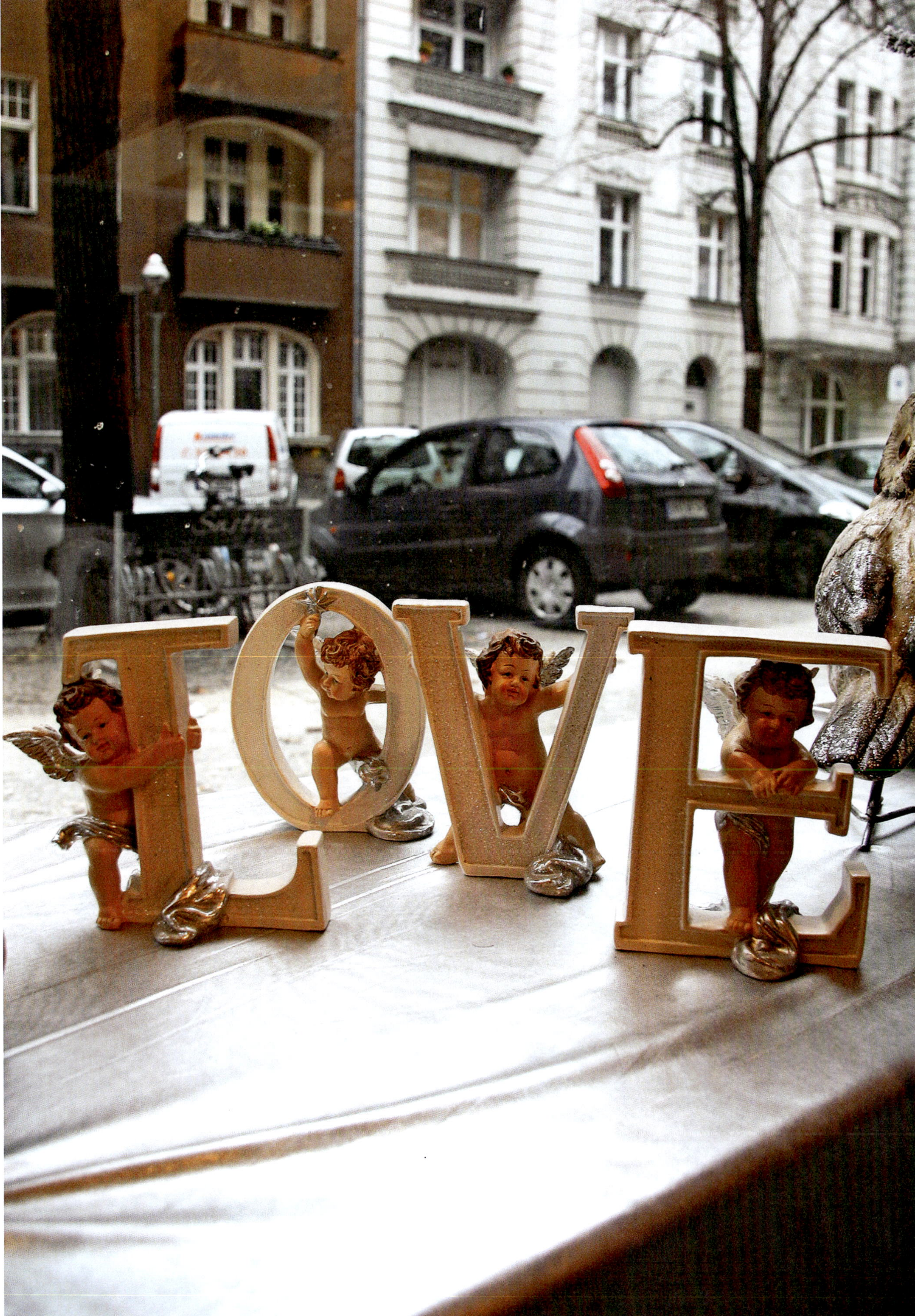
LOVE

Mauerengel an der Spree

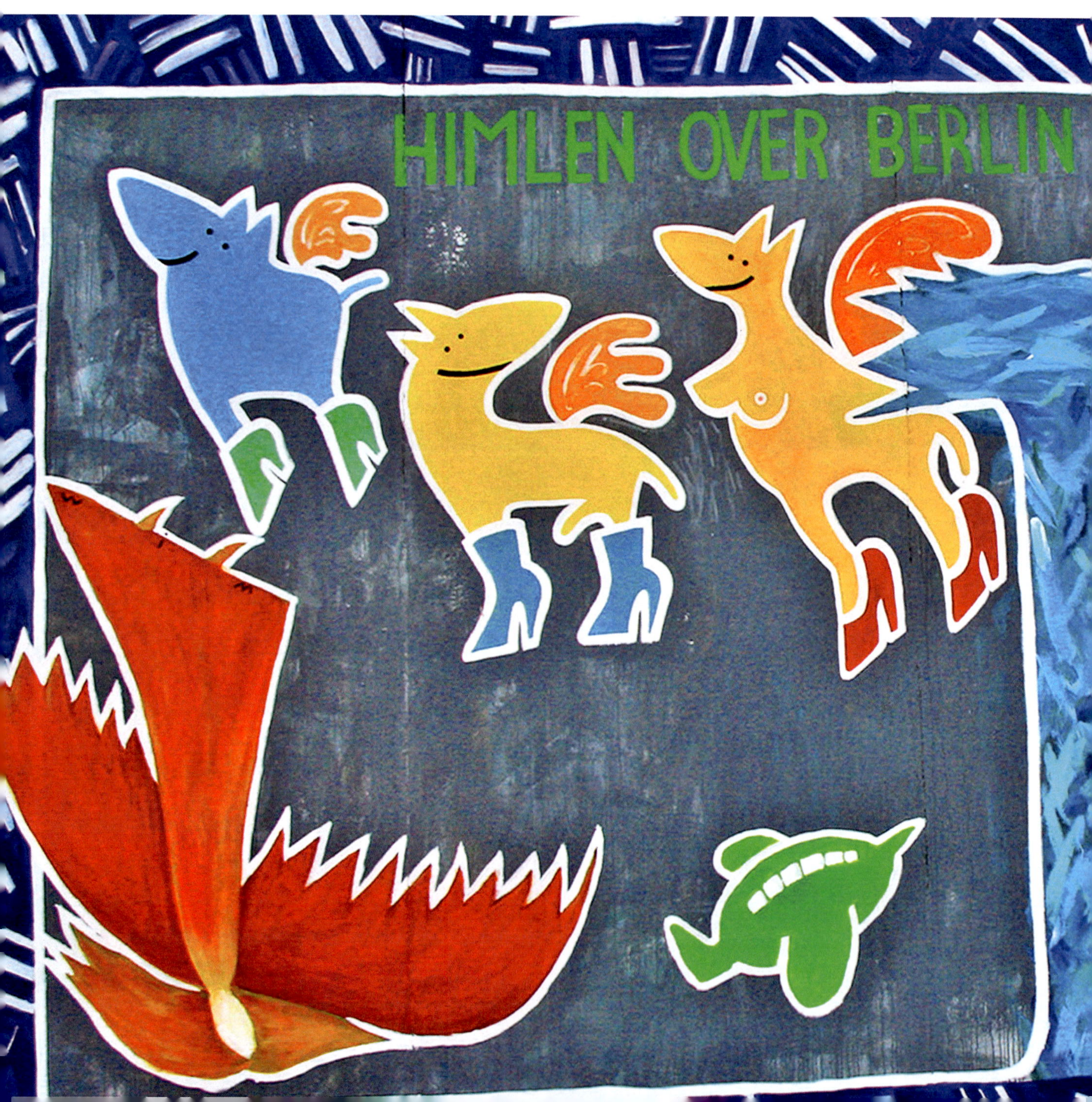

Die East Side Gallery ist eine Open-Air-Kunstschau der besonderen Art: Nach der friedlichen Revolution in der DDR im November 1989, als die Mauer fiel, kamen Künstler aus vielen Ländern, um eine kilometerlange Hinterlandmauer auf der östlichen Seite der Spree zu bemalen. Es war eine Anerkennung für diejenigen, die die Mauer und den Kalten Krieg zu Fall gebracht hatten, aber auch ein Ausdruck der Freude über die neue Freiheit. Karina Bjerregaard und Lotte Haubart haben ihren Figuren Flügel gemalt: Von 1961 bis 1989 brauchte der Berliner tatsächlich Flügel, um über die Mauer zu kommen. Dieses Gemälde ist aber auch eine Reminiszenz an Wim Wenders Film *Der Himmel über Berlin*.

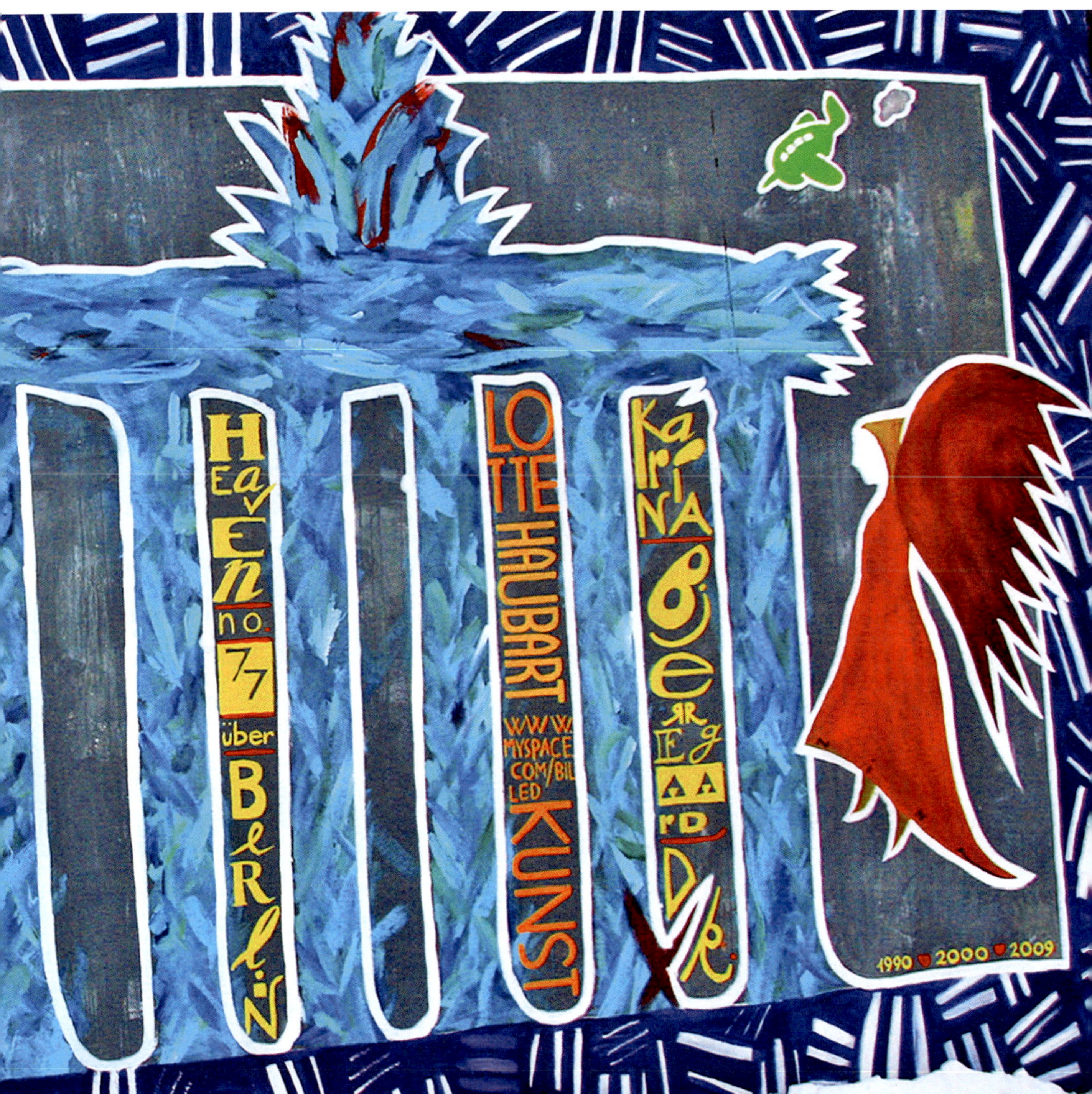

Weihnachtsengel

Festlicher Gendarmenmarkt

In den Wochen vor Weihnachten eröffnen in Berlin fast hundert große, mittlere und kleine Weihnachtsmärkte mit heißem Glühwein, Bratwurst, Karussells, und hunderterlei Geschenken vom Marzipanbrot bis zur Christbaumkugel, zu den Klängen der Weihnachtslieder. Hier, auf dem Gendarmenmarkt, der besinnlichste Weihnachtsmarkt der Stadt zwischen dem Deutschen und dem Französischen Dom, wacht dieser goldener Prachtengel über das Lebkuchenreich der Biobauern von „Lebe Gesund" vom Gut Neu Jerusalem bei Würzburg. Der Engel ist, anders als all die süßen Sachen ringsum, unverkäuflich. Der holde Knabe mit dem lockigen Haar ist nur Dekoration.

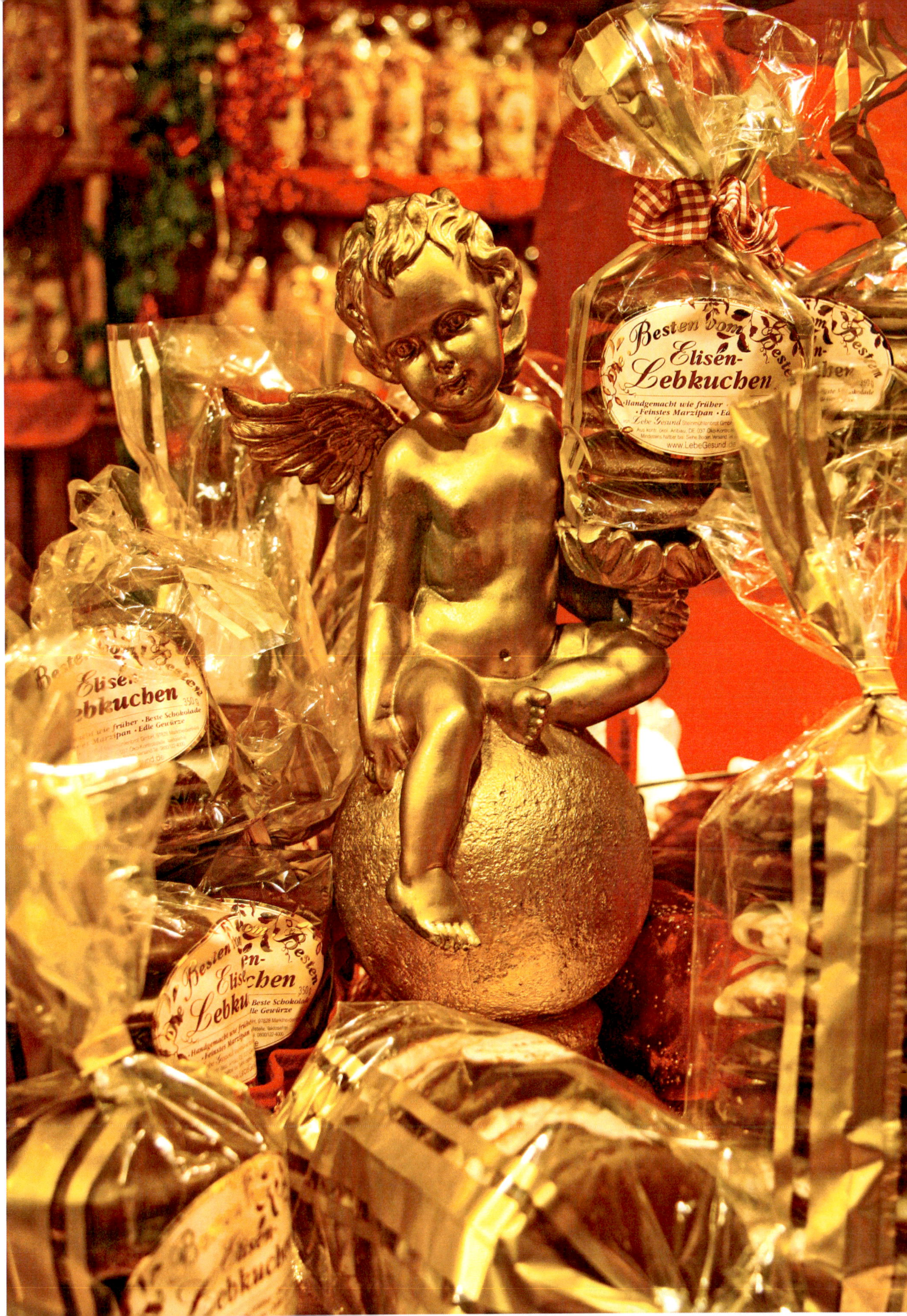

Besten vom Besten
Elisen-
Lebkuchen
Handgemacht wie früher
Feinstes Marzipan
350 g
Beste Schokolade
Edle Gewürze

Himmlischer Rummel auf dem Alexanderplatz

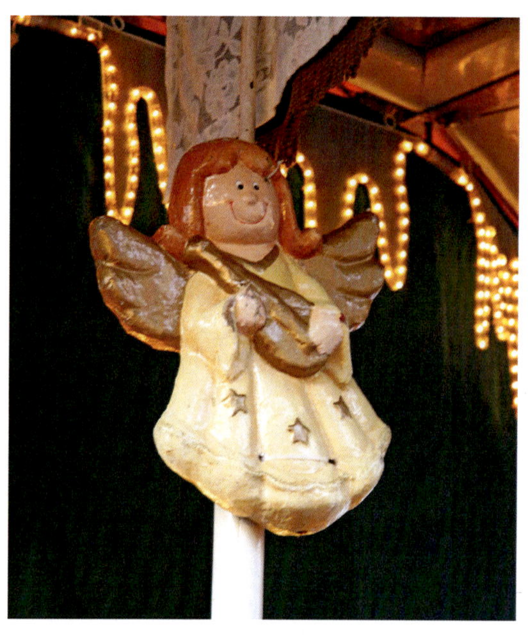

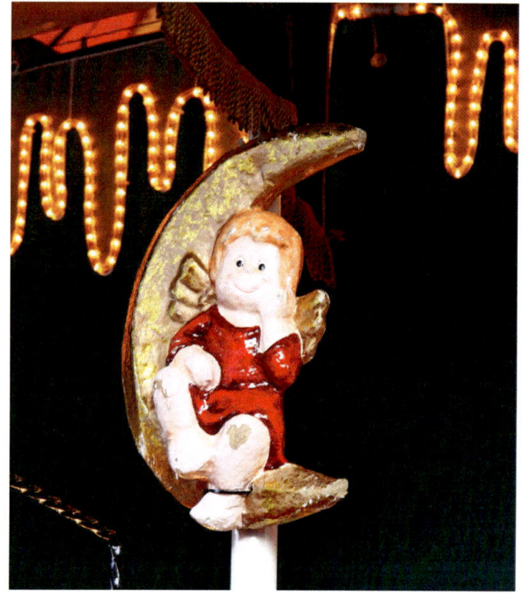

Etwas weniger besinnlich ist der Weihnachtsmarkt auf dem Alexanderplatz. Er hat dafür aber lange Tradition; schon zu DDR-Zeiten hat es den Markt gegeben. Diese Engel hier dekorieren die Fahrgeschäfte und Karussells, welche die Besucher — und die Kinder — aus den Kaufhäusern locken sollen.

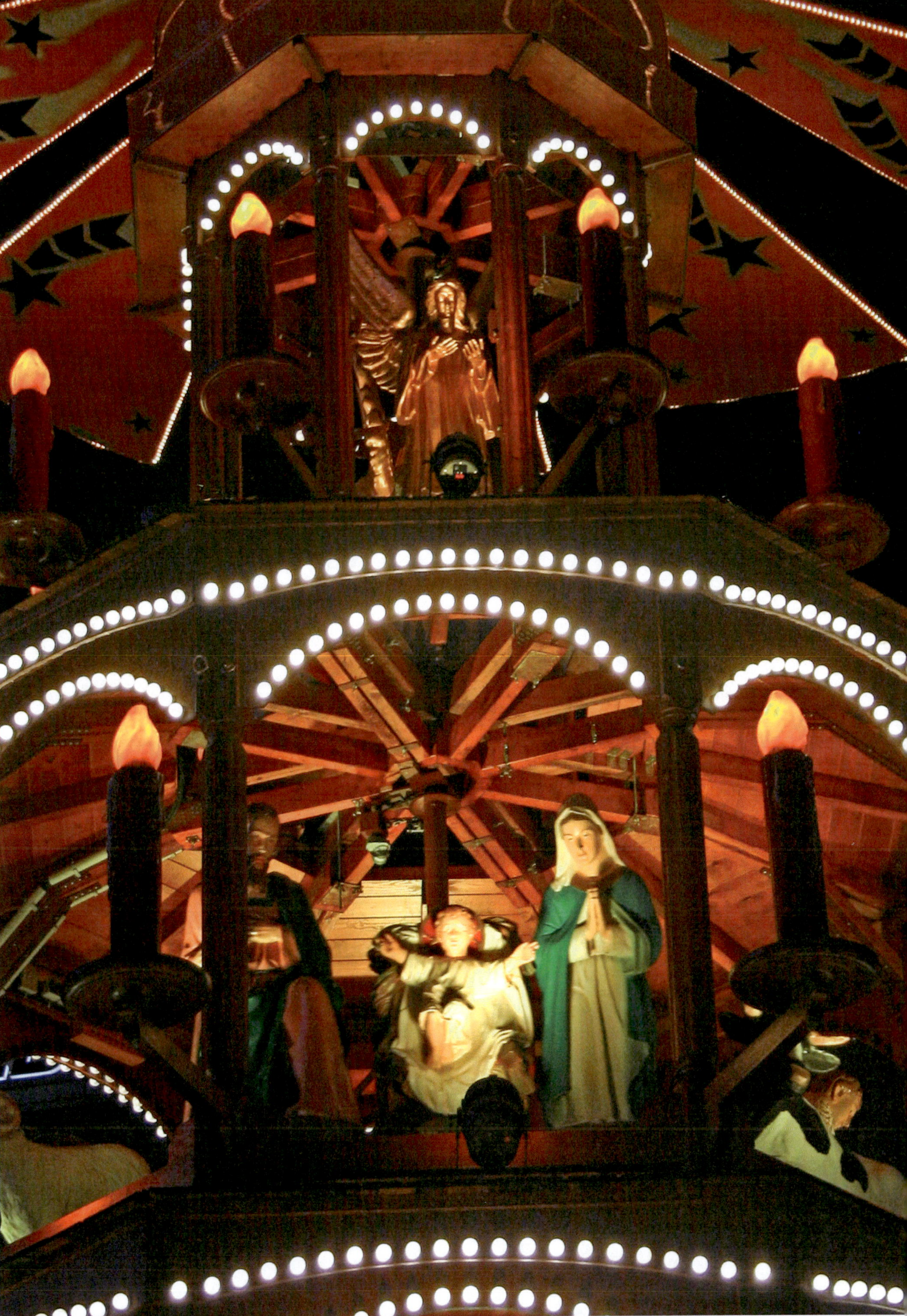

Engel des Gedenkens Engel der Erinnerung

In der Eingangshalle der Kaiser-Wilhelm-Gedächtniskirche zwischen Zoo und Kurfürstendamm grüßt dieser Engel, Teil eines Mosaiks von Hermann Schaper über das Leben von Kaiser Wilhelm I. 1895 wurde die Kirche eingeweiht, am 23. Februar 1943 wurde sie zerstört. Heute erinnert sie an den Krieg und mahnt zum Frieden. Ein neuer Kirchenbau entstand, ein schlanker Turm neben der Ruine, gestaltet von dem Architekten Egon Eiermann. Die beiden Engel links schmücken ein Büdchen des Weihnachtsmarkts an der Gedächtniskirche. Und der trompetenspielende Engel war einmal eine Wetterfahne — im Berliner Dom. So spannen die Berliner Engel den Bogen von West nach Ost.

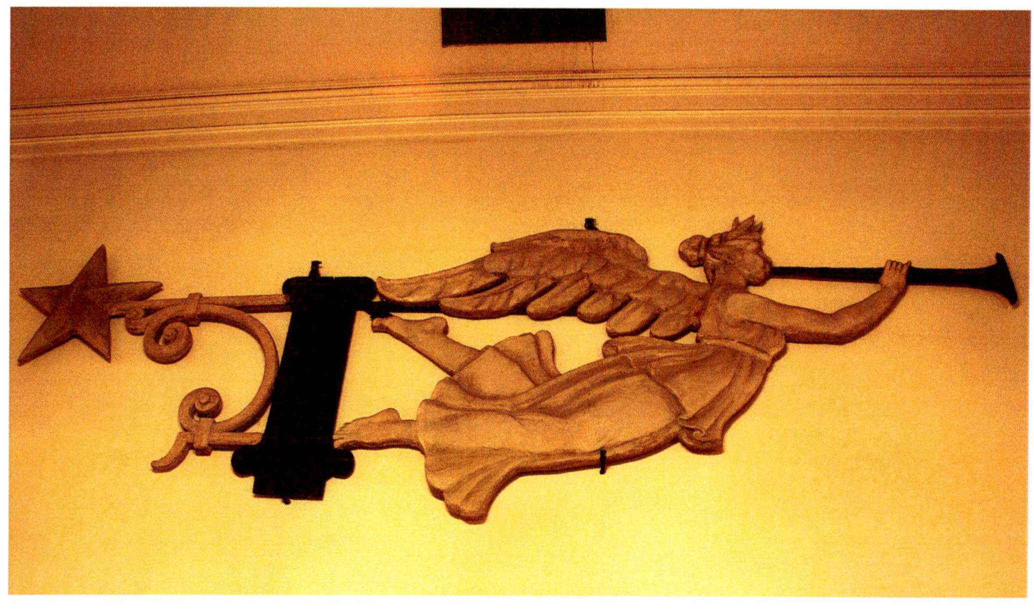

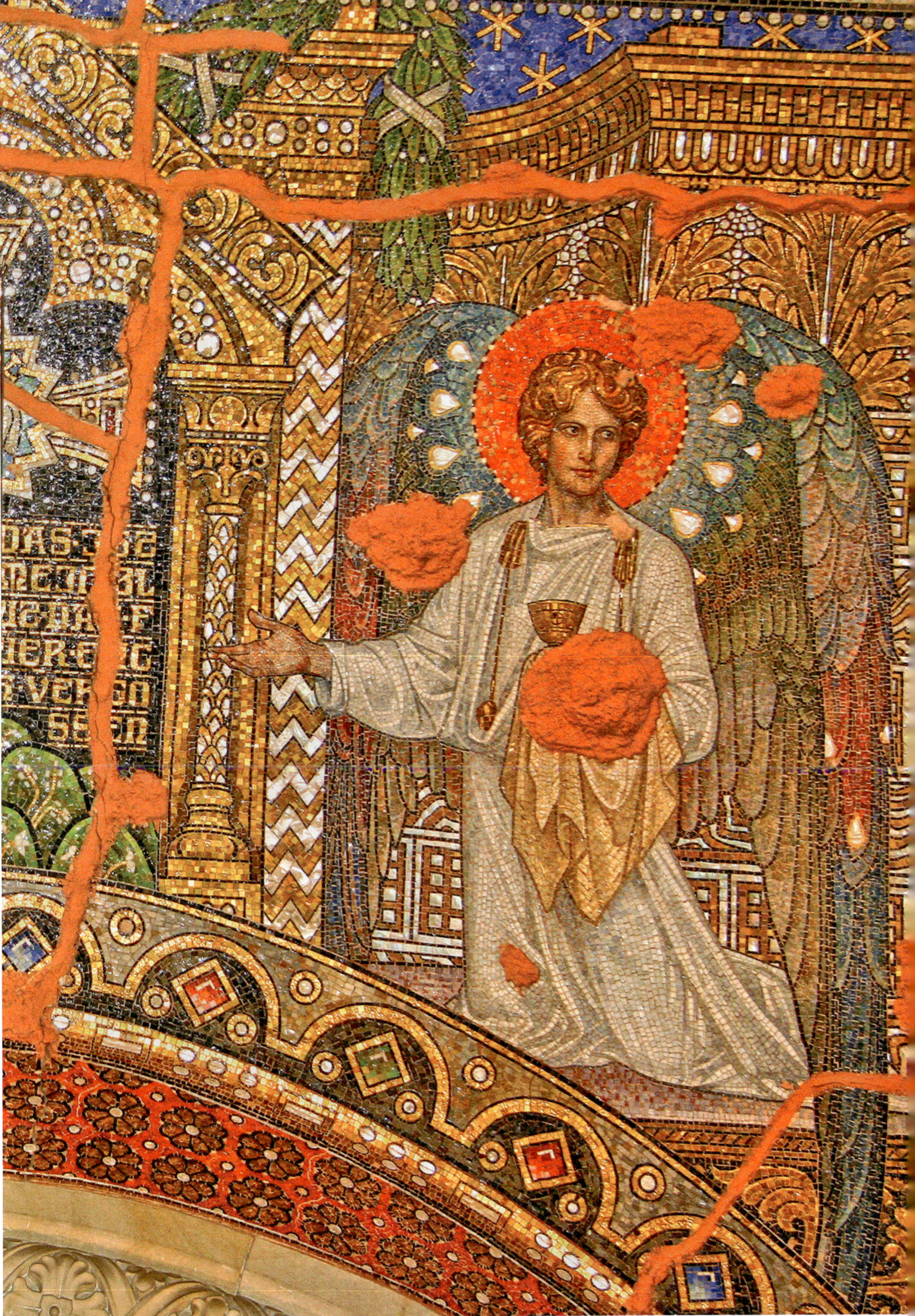

Lothar Heinke, 1934 in Berlin geboren, arbeitete bis 1991 als Chefreporter für *die Ost-Berliner Tageszeitung Der Morgen*. Danach wechselte er in die Lokalredaktion des *Tagesspiegel*. Dort schrieb er über den Abriss des Checkpoint Charlie und die Umwälzungen in der ehemaligen DDR nach dem Fall der Mauer, aber auch Berliner Stadtgeschichten. Er verfasste zudem das Buch *Fernsehturm Berlin*. Auch nach seiner Pensionierung arbeitet er weiter für das Blatt. Er lebt mit seiner Frau in Berlin-Mitte, interessiert sich für Musik, vorzugsweise klassische, liebt Italien und ist Mitglied des Berliner Fußballvereins 1. FC Union.

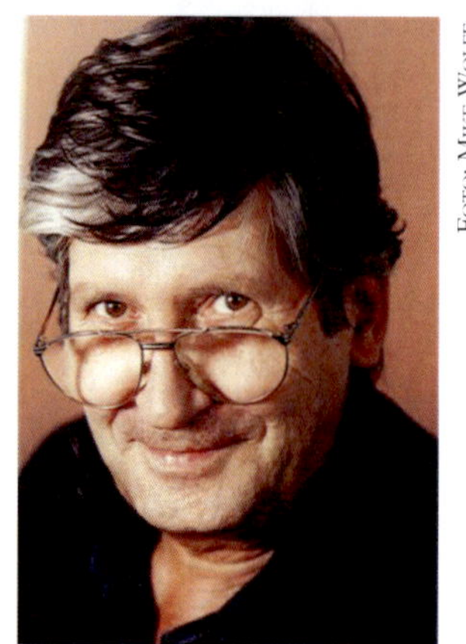

Foto: Mike Wolff

Eva C. Schweitzer schreibt seit 25 Jahren als Journalistin aus New York City und Berlin. Sie hat elf Bücher veröffentlicht, darunter die Kurzgeschichten-Sammlung *Manhattan Moments* (Knaur) und *Links Blinken, Rechts Abbiegen* (Westend), sowie eine Dissertation über den Times Square. Sie ist die Gründerin von Berlinica Publishing.

Berlinica Publishing ist ein Verlag in New York City und Berlin, der Bücher, Musik und Filme aus und über Berlin nach Amerika bringt; Romane, Reiseführer, Kochbücher, Geschichtsbücher, und Gedichte, aber auch Kalender und Berlin-T-Shirts.

https://berlinica.com/

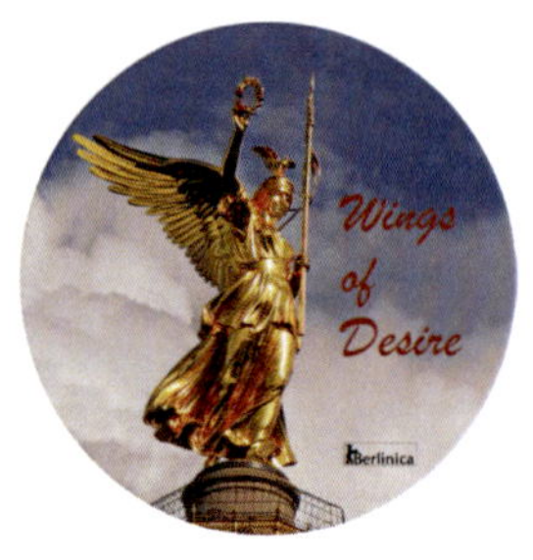

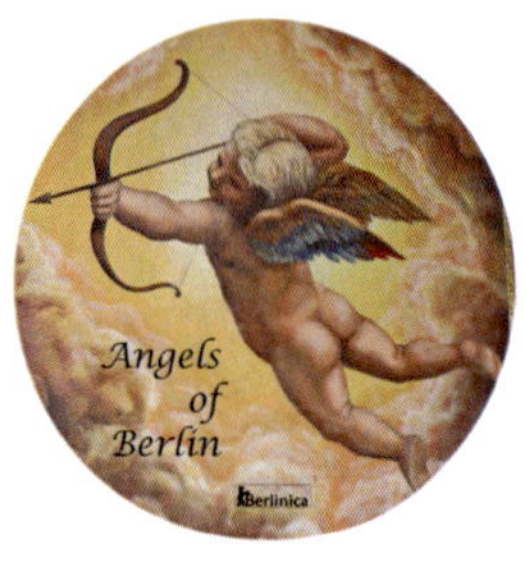

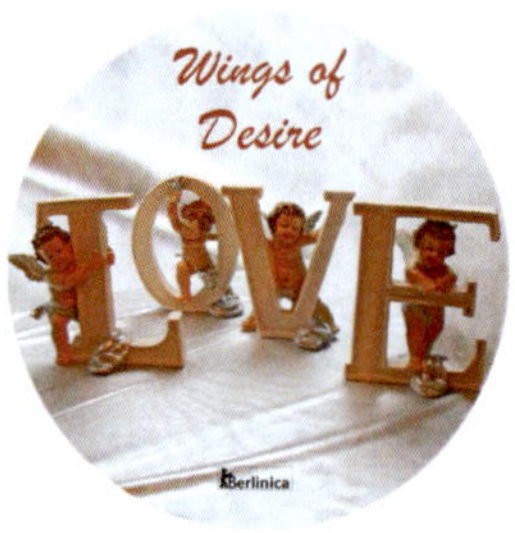

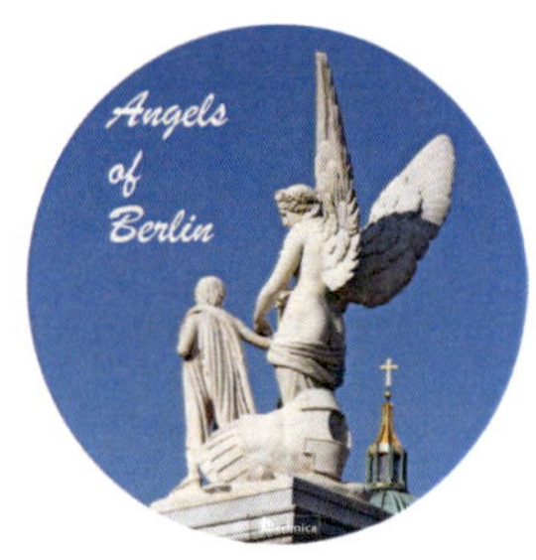

Engelmotive auf dem T-Shirt, dem Becher, der Halskette oder dem iPhone @ **www.zazzle.com/store/berlinica** und **www.cafepress.com/shop/Berlinica**.

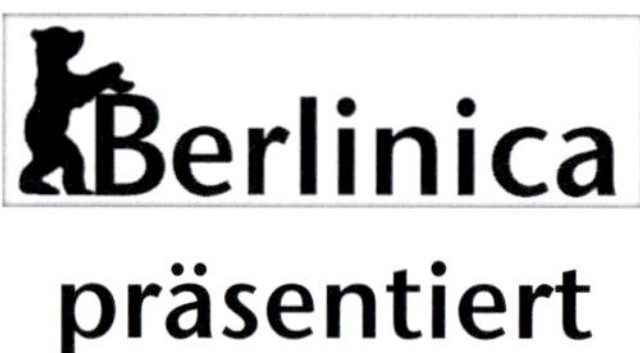

präsentiert

Neue Bücher 2023-2026

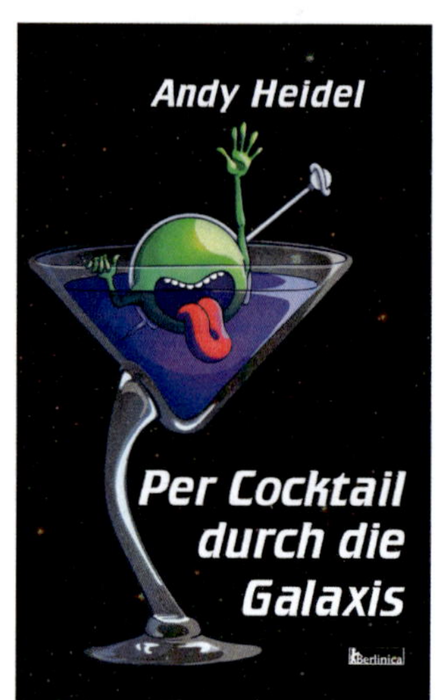

Gebunden, ca 80 Bilder; 22,50 €
Format: ca 200 Seiten;
21,6 x 14,0 cm
ISBN: 978-3-96026-058-5

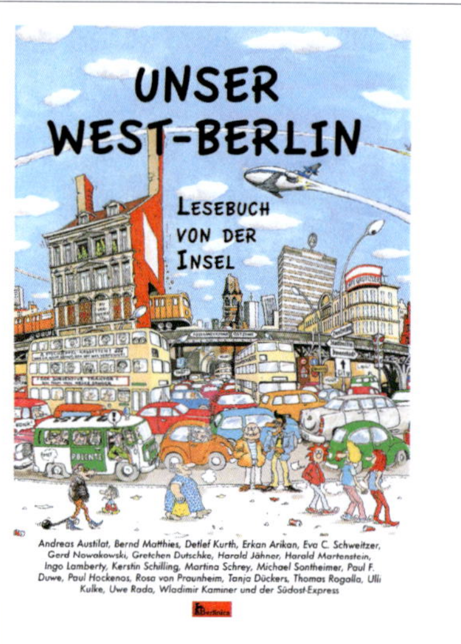

Gebunden, sw, 64 Bilder; 20,00 €
Format: 224 Seiten; 22,8 x 15,2 cm
ISBN: 978-3-96026-012-7
978-3-96026-075-2

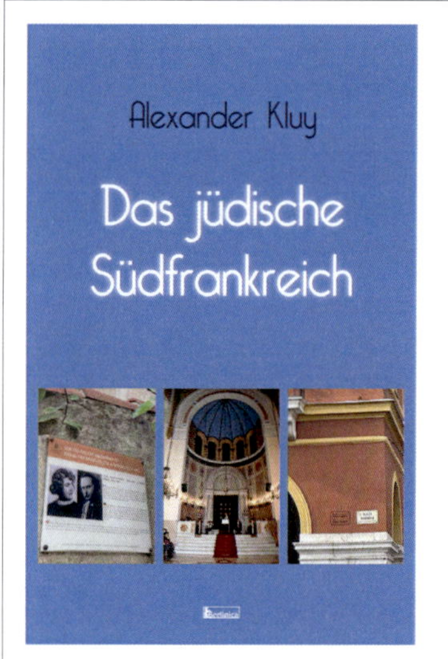

Broschur, ca 60 Bilder; ca 20,00 €
Format: ca 280 Seiten;
24,0 x 17,0 cm
ISBN: 978-3-96026-061-5

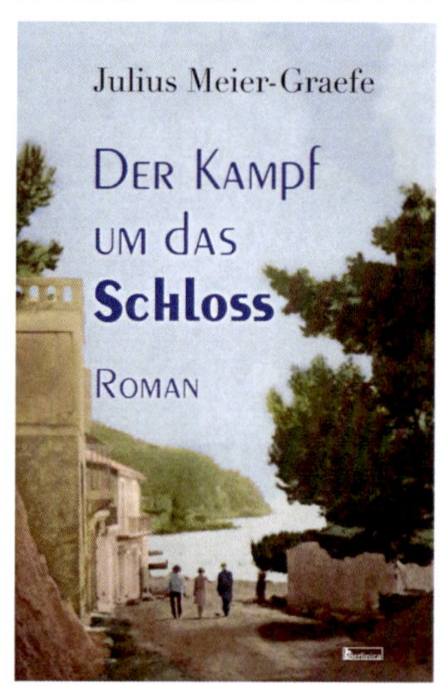

Gebunden, s/w, 9 Bilder; 20,00 €
Format: 192 Seiten; 21,6 x 14,0 cm
ISBN: 978-3-960260-51-6
978-3-96026-052-3

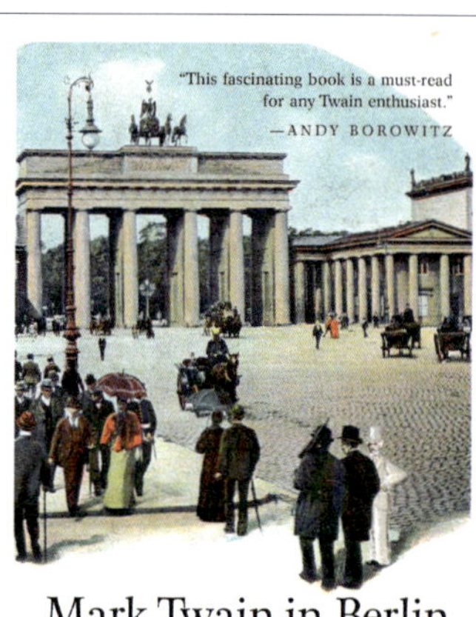

Broschur, s/w, 67 Bilder; 14,00 €
Format: 176 S.; 21,6 x 14,0 cm
ISBN: 978-3-96026-069-1
Demnächst als gebundenes Buch

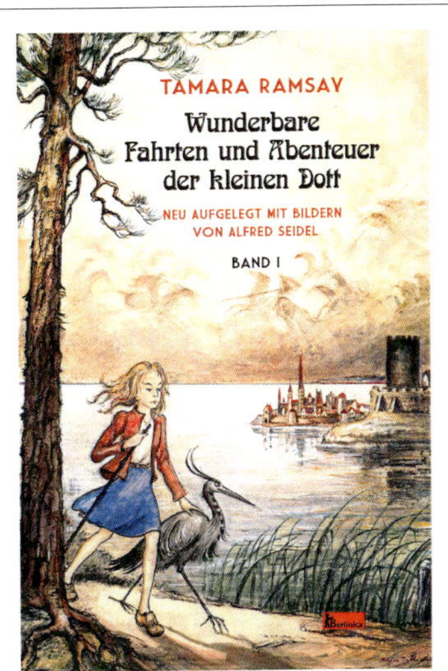

Gebunden, s/w, 90 Zeichn.; 16,00 €
Format: 272 Seiten; 22,4 x15,2 cm
ISBN: 978-3-96026-036-3
978-3-96026-044-8

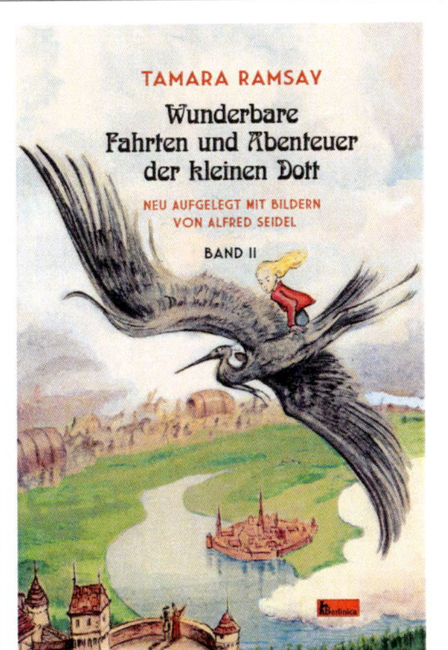

Gebunden, s/w, 102 Zeich.; 16,00 €
Format: 272 Seiten; 22,4 x15,2 cm
ISBN: 978-3-96026-037-0
978-3-96026-045-5

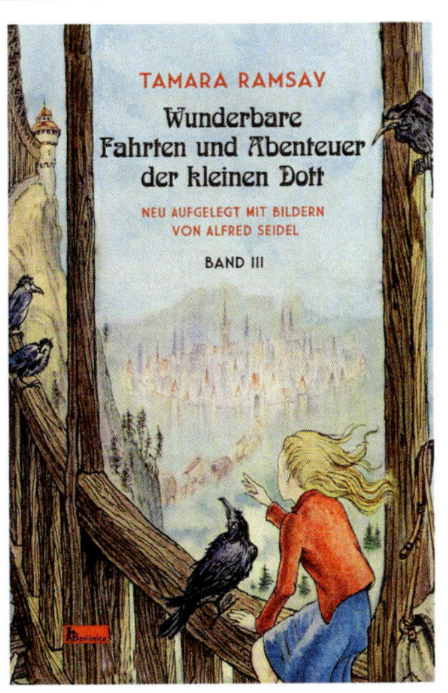

Gebunden, s/w, 81 Zeichn.; 16,00 €
Format: 272 Seiten; 22,4 x15,2 cm
ISBN: 978-3-96026-038-7
978-3-96026-046-2

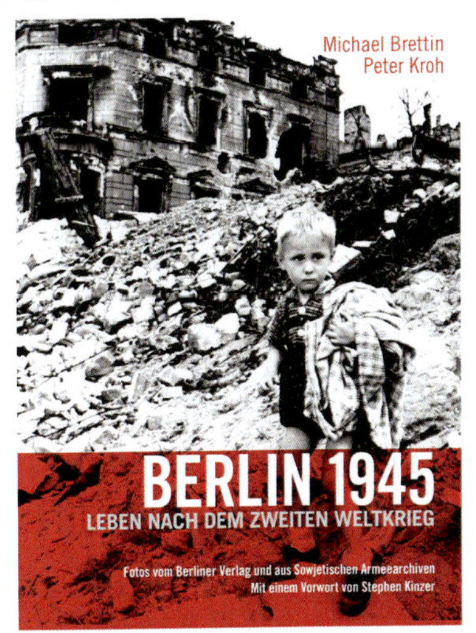

Broschur, s/w, 177 Bilder; 24,00 €
Format: 218 S.; 28,3 x21,6 cm
ISBN: 978-3-96026-000-4
978-3-96026-001-1

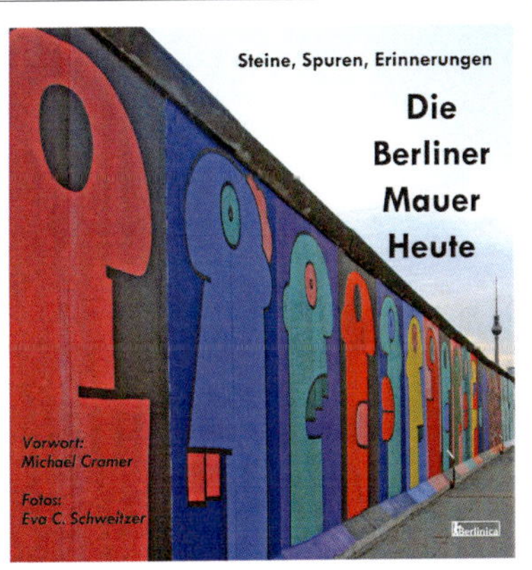

Broschur, Color, 140 Bilder; 16,50 €
Format: 96 S.; 21,6 x21,6 cm
ISBN: 978-1-935902-11-9
978-3-96026-078-3

WIDERREDE
DER ÜBERGA
NGENEN FRA
UEN EIN UNH
EILIGER SCH
RIEB *Zwischen den*
Zeilen der Lutherbibel

JEAN-PAUL BARBE

Berlinica

Broschur, s/w; 10,50 €
Format: 172 S.; 20,3 x12,7 cm
ISBN: 978-3-96026-007-3
978-3-96026-003-5

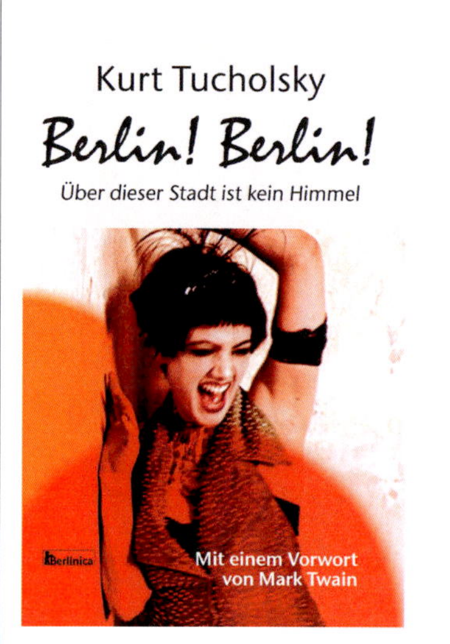

Broschur, s/w, 20 Bilder; 14,00 €
Format: 210 S.; 21,6 x 14,0 cm
ISBN: 978-3-96026-023-3
978-3-96026-088-2

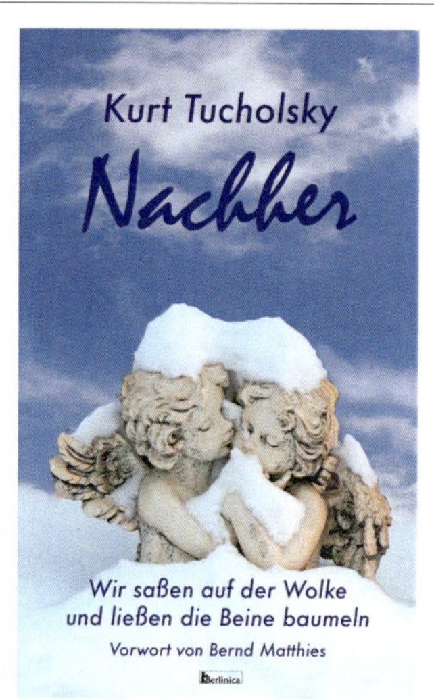

Gebunden, sepia, 22 Bilder; 12,00 €
Format: 96 Seiten; 20,3 x 12,7 cm
ISBN: 978-3-96026-018-9
978-3-96026-019-6

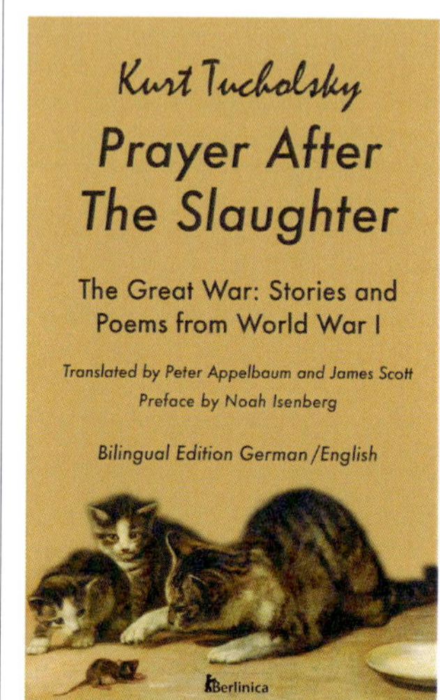

Broschur, sw, 6 Bilder; 10,50 €
Format: 116 Seiten; 20,3 x 12,7 cm
ISBN: 978-3-96026-020-2
978-3-96026-096-7

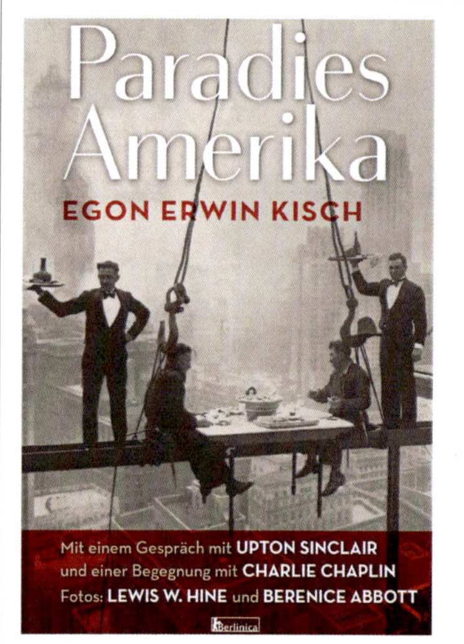

Gebunden, s/w, 41 Bilder; 12,00 €
Format: 320 Seiten; 22,4 x 15,2 cm
ISBN: 978-3-96026-039-4
978-3-96026-048-6

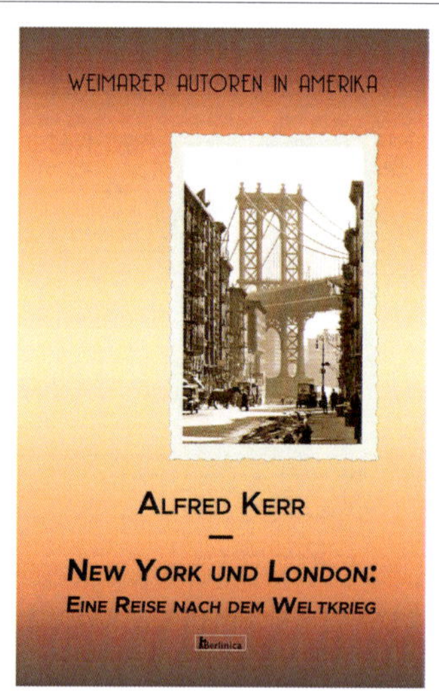

Broschur, s/w, 6 Bilder; 10,50 €
Format: 168 Seiten; 21,6 x 14,0 cm
ISBN: 978-3-96026-033-2
978-3-96026-049-3

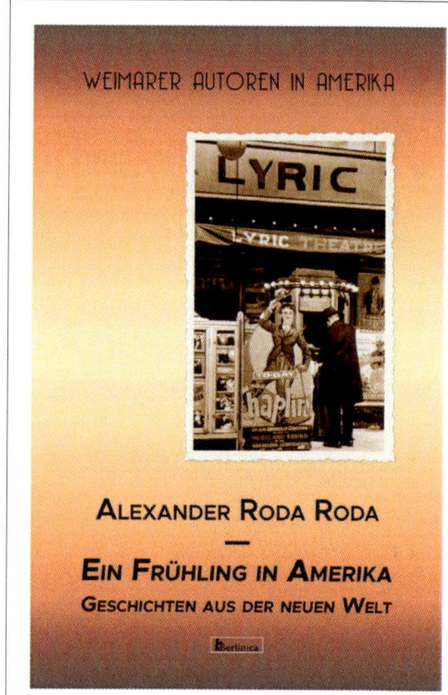

Broschur, sw, 4 Bilder; 11,50 €
Format: 136 Seiten; 21,6 x 14,0 cm
ISBN: 978-3-96026-050-9
978-3-96026-082-0

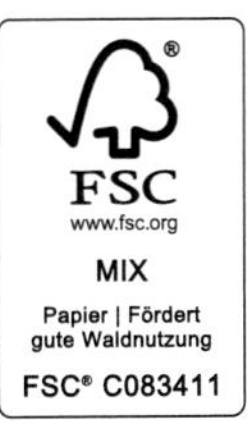

Zeitfracht Medien GmbH
Ferdinand-Jühlke-Straße 7
99095 Erfurt, Deutschland
produktsicherheit@kolibri360.de

Druck:
CPI Druckdienstleistungen GmbH
im Auftrag der
Zeitfracht Medien GmbH
Ein Unternehmen der Zeitfracht - Gruppe
Ferdinand-Jühlke-Str. 7
99095 Erfurt